Construction and Operation Mechanism of
Rural Shared Logistics Network System

农村共享物流网络体系建设及运行机制

王科峰 著

人民交通出版社股份有限公司
北京

内 容 提 要

建立健全农村物流网络体系，合理布局网络节点，统筹规划物流资源，推广先进运营模式和信息技术，构建资源同网、信息互通、便利高效的物流共享体系，使农村物流朝着规范化、集约化方向发展，是交通强国建设的重要内容之一。本书系统阐述了农村共享物流网络体系的建设方法及运行机制，主要内容包括：绪论、国内外农业组织形式及农村物流模式、农村上下行物流运作模式、农村物流网络节点选址、农村上下行物流车辆路径优化、车货匹配问题、时变路网下的同城货运即时配送问题、共同配送联盟利益分配、农村物流网络货运平台系统设计。

本书可作为交通运输行业从业者的参考书，也可作为交通运输类专业本科生和研究生的选修课学习资料。

图书在版编目（CIP）数据

农村共享物流网络体系建设及运行机制/王科峰著. —北京：人民交通出版社股份有限公司，2022.9
ISBN 978-7-114-18220-4

Ⅰ.①农… Ⅱ.①王… Ⅲ.①农村—物流管理—研究—中国 Ⅳ.①F259.22

中国版本图书馆 CIP 数据核字(2022)第 174452 号

Nongcun Gongxiang Wuliu Wangluo Tixi Jianshe ji Yunxing Jizhi

书　　名：	农村共享物流网络体系建设及运行机制
著 作 者：	王科峰
责任编辑：	李　晴
责任校对：	席少楠　刘　璇
责任印制：	张　凯
出版发行：	人民交通出版社股份有限公司
地　　址：	(100011)北京市朝阳区安定门外外馆斜街 3 号
网　　址：	http://www.ccpcl.com.cn
销售电话：	(010)59757973
总 经 销：	人民交通出版社股份有限公司发行部
经　　销：	各地新华书店
印　　刷：	北京虎彩文化传播有限公司
开　　本：	787×1092　1/16
印　　张：	10.125
字　　数：	243 千
版　　次：	2022 年 9 月　第 1 版
印　　次：	2023 年 7 月　第 2 次印刷
书　　号：	ISBN 978-7-114-18220-4
定　　价：	56.00 元

(有印刷、装订质量问题的图书，由本公司负责调换)

前　言

2019年，中共中央、国务院印发《交通强国建设纲要》，关于快递物流，明确提出从2021年到2035年，基本形成"全球123快货物流圈"（国内1天送达、周边国家2天送达、全球主要城市3天送达）。然而，我国现有的快递物流网络还远远达不到要求，快递网点数量的城乡差距较大，农村快递"最后一公里"难题仍未得到解决。农村快递网点大部分覆盖到乡镇级别，真正进入村一级别的快递依然很少。许多快递公司通过快递网点加盟来触达村级市场，但违规收费、服务不规范等现象时有发生。如何打通快递进村"最后一公里"，成为摆在企业、行业、政府面前的共同课题。与此同时，农村寄递物流体系仍存在末端服务能力不足、可持续性差、基础设施薄弱等一些突出问题，与群众的期待尚有一定差距，亟待完善顶层设计，加强体系建设，最终实现"工业品下乡，农产品进城"的目的。这就必须要在农村与城市之间建立畅通的物流体系，降低物流成本。因此，建设符合当地实际需要的"县乡村"三级物流网络体系，在城市和乡村之间搭建起方便、高效、稳定、安全的物流运输及中转通道，是交通强国建设的需要，也是实现党的第二个百年奋斗目标的需要。

目前，我国"县乡村"三级物流网络节点建设还存在着一些可以通过适当的管理方法及技术手段解决的问题：

(1) 布局不合理，网点相对集中，存在重复建设

三级农村物流网络节点规划不合理，大多集中布局在县乡镇或交通较发达的村，且存在重复建设现象，造成社会资源浪费。受基础建设、运行成本等因素的制约，贫困或边远农村物流网点、运力资源配置不足。政府统筹谋划"县乡村"三级物流网络节点布局的作用发挥不明显，行业协会号召力不足，物流快递企业间的竞争大于共享合作。

(2) 资源不集约，共享机制不健全

各地县乡村发展水平、资源条件、地理状况不一，与城镇相比，欠发达地区或城镇化率不高的农村电子商务客户数量较少，农村居民更熟悉和乐于线下交易，部分农村业务量不足。物流企业间资源共享与互补有困难，空载运输、过远运输、对流运输及重复运输情况依然存在。物流资源有效整合和利益合理分配是实现农村共享物流的难点。

本书以河南省科技攻关项目"农村共享物流网络体系建设问题研究——以焦作市武陟县为例"的成果为基础，在对比分析了国内外农业组织形式及农村物流模式之后，提出了符合我国国情的农村上下行物流运作模式。接着，从政府管理和企业管理的角度提出了农村物流网络节点选址的双层规划模型，以及符合农村上下行物流运输模式的集送货需求可拆分的车辆路径优化模型，并为它们设计了相应的求解算法。在共享物流信息平台设计方面，本书对于现有的车货匹配平台进行了分析研究，提出了基于车源方和货源方的多目标排序匹配算法，并使

用该算法对物流中国平台数据进行了计算。本书也对同城货运即时配送问题进行了研究，这一问题是农村范围内除了集送货需求可拆分车辆路径优化问题以外的一种现实存在的车辆路径优化问题，尤其是在时变路网下的情况与现实情形更加贴近，故本书为此问题设计了相对应的遗传算法。本书也对武陟县快递共同配送联盟的利益分配问题采用 Shapley 值法做了实证研究，最后就团队正在研发的农村物流网络货运平台系统进行了介绍。

本书从网络节点选址、上下行车辆路径规划、共享物流平台车货匹配、同城货运即时配送、共同配送联盟机制、共享物流平台设计等方面对农村物流网络体系建设给出了全方位的参考方案。本书的研究成果可以为我国中西部地区农村物流网络建设提供更加精细、科学的指导，可以有效避免物流网点重复建设的问题，解决政府在网点改造建设过程中财政预算有限、企业在共享物流配送中运输成本控制难、快递共同配送联盟由于利益分配不合理导致联盟稳定性差的问题，同时也为农村共享物流网络货运平台设计提供了思路。

本书得以顺利完成，要感谢河南理工大学王科峰课题组成员——贾胜钛、罗凯帆、赵吉祥、耿付超、张春云、任雨凡、孙慧、井水旺、刘钟泽所做的基础性工作，以及河南理工大学能源科学与工程学院交通工程系、焦作市交通运输局道路运输管理局、武陟县交通运输局等相关部门的大力支持，在此一并表示感谢！

限于研究水平和条件，本书的不足之处敬请广大读者批评指正。

作　者

2022 年 4 月

目　　录

1 绪论 ··· 1
　1.1 研究背景及研究意义 ·· 1
　1.2 共享物流与共同配送 ·· 3
　1.3 农村共享物流发展及研究现状 ······································· 7
　1.4 本章小结 ·· 9
2 国内外农业组织形式及农村物流模式 ···································· 10
　2.1 国内外农业组织形式 ·· 10
　2.2 国外农村物流发展情况 ··· 12
　2.3 我国农村物流发展情况 ··· 16
　2.4 本章小结 ·· 21
3 农村上下行物流运作模式 ·· 22
　3.1 农村农产品上行物流 ·· 22
　3.2 农村日用消费品下行物流 ·· 24
　3.3 农村上下行物流 ·· 27
　3.4 农村上下行物流配送路径优化 ······································· 30
　3.5 本章小结 ·· 31
4 农村物流网络节点选址 ··· 32
　4.1 选址的重要性 ··· 32
　4.2 选址的影响因素 ·· 32
　4.3 武陟县农村共享物流网络体系建设 ································· 32
　4.4 双层规划简介 ··· 35
　4.5 武陟县农村物流网络节点选址改造 ································· 38
　4.6 本章小结 ·· 57
5 农村上下行物流车辆路径优化 ··· 58
　5.1 问题描述 ·· 58
　5.2 农村上下行物流车辆路径问题的数学模型 ······················· 59
　5.3 农村上下行物流车辆路径优化模型求解 ·························· 61
　5.4 本章小结 ·· 83
6 车货匹配问题 ·· 84
　6.1 物流信息服务平台概述 ··· 84

6.2	车货匹配简介	85
6.3	公路货运配货平台	86
6.4	车货匹配模型的建立	88
6.5	车货匹配算法的设计	90
6.6	以货源方为主的匹配算法	91
6.7	以车源方为主的匹配算法	96
6.8	公路货运车货供需匹配实例	97
6.9	本章小结	104

7 时变路网下的同城货运即时配送问题 105

7.1	互联网信息平台下的货运即时配送相关理论	105
7.2	时变路网的相关理论和基础	106
7.3	时变路网的同城货运即时配送路径优化问题建模	108
7.4	同城货运即时配送路径规划问题的遗传算法	116
7.5	案例分析	122
7.6	灵敏度分析	129
7.7	本章小结	130

8 共同配送联盟利益分配 131

8.1	基于 Shapley 值法的企业联盟利益分配	131
8.2	武陟县案例分析	132
8.3	本章小结	142

9 农村物流网络货运平台系统设计 143

9.1	系统功能及操作界面	143
9.2	产品技术原理	145
9.3	本章小结	147

附录 1 5.3.2.3 中竞争决策过程中剔除多余的或不当资源的调整方式 1 具体过程 …… 148
附录 2 《以货源方为主的匹配模型中各指标权重调查》 151
附录 3 《以车源方为主的匹配模型中各指标权重调查》 152
参考文献 153

1 绪 论

1.1 研究背景及研究意义

2000 年 3 月,中国民间"三农"(农业、农村、农民)问题研究者、湖北省监利县棋盘乡前党委书记李昌平向朱镕基总理反映当地"三农"面临的问题,引起了中央对"三农"问题的关注。近二十年以来,国家更加关注"三农"问题,称其为"全党工作的重中之重"。国家颁布了一系列的政策文件来改善农民生存状态、促进农村产业发展以及社会进步。解决三农问题的一个关键是大力发展农村物流,提高农产品、农用物资、农村消费品流通效率,使农村物流朝着"降本增效、系统化、信息化、集约化、全球化"的方向发展。自 21 世纪初以来,与农村物流相关的国家政策主要有"中国邮政三农服务站"、商务部"万村千乡市场工程"和"双百市场工程"、国务院"新网工程"[1]。近年来,按照习近平总书记关于"打赢脱贫攻坚战"和推进"四好农村路"建设的重要指示批示,发展农村物流越来越得到相关部委的重视。商务部、国家发展改革委、国土资源部、交通运输部、国家邮政局等围绕着农村物流网络建设、繁荣农村经济相继出台一系列文件(表 1-1),充分体现了农村物流朝着"降本增效、系统化、信息化、集约化、全球化"的方向发展的思想,从中我们可以深刻认识到要发展农村经济、缩小城乡差距,就必须要改善农村物流,解决农村物流"短板"问题。

近年来关于发展农村物流的国家文件　　　表 1-1

时间	印发部门及文件名	内　容
2016 年 10 月	交通运输部印发《关于进一步加强农村物流网络节点体系建设的通知》	加快推进农村物流县、乡、村三级网络节点体系建设,不断提升农村物流服务水平
2017 年 1 月	商务部、国家发展改革委、国土资源部、交通运输部、国家邮政局联合印发《商贸物流发展"十三五"规划》	加强农村物流网络体系建设,支持建设县、乡镇综合性物流配送中心和末端配送网点
2017 年 12 月	商务部、公安部、交通运输部、国家邮政局、供销合作总社联合印发《城乡高效配送专项行动计划(2017—2020 年)》	完善城乡物流网络节点,降低物流配送成本,提高物流配送效率
2018 年 11 月	交通运输部印发《关于服务和支撑乡村振兴战略实施的指导意见》	鼓励交通运输、商贸、供销、邮政、农业等服务设施的综合使用,拓展完善农村客运站场的物流服务功能,推广"多站合一,资源共享的"的乡村综合服务站模式,鼓励有条件的地区建设面向农村地区的共同配送中心

续上表

时间	印发部门及文件名	内容
2018年12月	交通运输部印发《关于推进乡镇运输服务站建设加快完善农村物流网络节点体系的意见》	加快建设县、乡、村三级农村物流网络节点体系，培育龙头骨干物流企业，推广先进运营模式和信息技术，构建资源共享、服务同网、信息互通、便利高效的农村物流发展新格局
2019年8月	交通运输部、国家邮政局、中国邮政集团公司联合印发《关于深化交通运输与邮政快递融合推进农村物流高质量发展的意见》	以交邮融合、推进农村物流高质量发展为目的，坚持市场主导、政府统筹，多方协同、资源整合，因地制宜、融合创新，通过节点网络共享、运力资源共用、标准规范统一、企业融合发展，加快构建畅通便捷、经济高效、便民利民的县、乡、村三级物流服务体系，促进农产品、农村生产生活物资、邮政快递寄递物品等高效便捷流通
2019年9月	交通运输部印发《交通运输部办公厅关于深化交邮融合推广农村物流服务品牌的通知》	在全国范围内着力打造一批网络覆盖健全、资源整合高效、运营服务规范、产业支撑明显的农村物流服务品牌，引导培育一批市场竞争能力强、服务品牌知名度高、引领带动作用好的龙头骨干企业，推动建设一批精品线路、精品站点、精品项目，总结形成一批可复制、可推广的经验
2019年9月	国家发展改革委印发《关于支持推进网络扶贫项目的通知》	建立完善适应农产品网络销售的供应链体系、运营服务体系和物流、仓储等支撑保障体系，推动贫困地区农产品上网销售
2020年3月	交通运输部印发《农村交通运输综合信息服务平台推广实施指南》	农村运输信息平台主要服务于各地农村群众出行及物流服务的改善。农村运输信息平台运营主体由地方交通运输主管部门根据地方实际择优选取。农村运输信息平台在城乡交通一体化程度较低、需求群体较为分散的地区具有较强的推广价值，主要解决偏远地区农村群众出行和农村快递物流上下行
2021年1月	中共中央、国务院印发《关于全面推进乡村振兴加快农业农村现代化的实施意见》	加快完善县、乡、村三级农村物流体系，改造提升农村寄递物流基础设施，深入推进电子商务进农村和农产品出村进城，推动城乡生产与消费有效对接

2019年9月，中共中央、国务院发布《交通强国建设纲要》，指出到2035年，基本建成交通强国，现代化综合交通体系基本形成，基本形成"全球123快货物流圈"（国内1天送达、周边国家2天送达、全球主要城市3天送达），货物多式联运高效经济，智能、平安、绿色、共享交通发展水平明显提高。交通运输与物流的发展是交通强国建设的重要一环，而农村物流的发展又关系到农村经济振兴以及交通强国建设的最终目标是否能够实现。

目前，我国已初步建成包括收购、加工、运输、储存、装卸、搬运、包装、配送、零售和相关流通服务在内的完整的农产品物流体系，为促进农产品流通、加快农村产业结构调整、增加农民收入、满足人民需求发挥了积极作用。然而，国内农产品物流发展在区域间仍不平衡，物流企业、物流设施、物流活动高度集中在东部沿海地区,中西部地区受经济条件、物流人才短缺等因素的影响,存在对国家政策落实不到位、不能充分贯彻国家相关文件精神等问题,其中问题较集中的主要是农产品上行领域。农产品上行过程中面临着农村物流企业绝对数量大,但单体规模小、组织化程度低、资金不足、物流及仓储等基础设施薄弱的问题,使得运输损耗大、流通环节多、物流成本居高不下。我国农村电商的发展还处于起步阶段,中西部地区尤其如此。对于我国中西部地区的农村,需要在现有条件的基础上,结合当地的情况,逐步建立起符合当地实际的农村物流网络体系,合理布局网络节点(建设"县、乡、村"三级农村物流网络节点体系)、统筹规划物流资源,推广先进运营模式和信息技术,改善原来各种物流模式之间由于信息不对称造成的运力资源浪费、运输效率低下的问题,构建资源共享、服务同网、信息互通、便利高效的物流共享体系,提高农资和日用消费品下行的时效性、便捷性,以及重点解决农产品上行过程中存在的信息不对称、运输效率低下、损坏率和成本过高等问题,使农村物流朝着规范化、集约化方向发展。

共享经济的概念最早是由美国得克萨斯州立大学社会学教授 Marcus Felsen 和伊利诺伊大学社会学教授 Joe L. Spaeth 在 1978 年提出的[2]。共享物流就是共享经济在物流领域的应用,是指通过物流资源的共享实现资源的优化配置,提高物流系统效率,降低物流综合成本,推动现代物流体系改革。我国中西部农村地区地理位置相对偏僻、居民布局较为分散,然而物流需求却很广泛,可通过在农村物流网络上实施共享物流模式,提升农村物流资源的利用效率,从而节省成本,提高配送活动的时效性。为了尽可能降低物流总成本,物流的各个环节应尽可能地少占用资源,实现最大化利用。例如,规划一条合理的线路,使得完成货物集送任务所需的总运输距离(费用)最小;提高货物的周转速度;降低库存,减少对仓储空间的需求等。在这个降低物流成本的过程中,共享就自然而然地产生了:客户分享发布自己的物流信息资源,散货共享一辆货车(或者集装箱),来自不同公司的货车共享道路,货物共享仓储空间。在物流标准化和信息化得到充分发展的今天,物流的共享程度越来越高,越来越受到关注。此外,共享物流还对解决交通拥堵、提升交通安全和减少空气质量问题有不小的帮助。

本书正是针对中西部地区经济相对沿海地区不够发达,物流设施、设备、运力资源有限,物流人才相对短缺的情况,在共享物流理念的指导下,试图从现代化物流管理的角度,研究一套行之有效的农村物流组织管理方法,完善农村配送网络,促进城乡双向流通,提高物流效率,降低物流成本,使有限的资源发挥出更大的社会效益。这既符合国家交通强国建设的大背景,也是我国中西部大部分农村地区经济发展所必须解决的物流领域的实际问题,具有重要的现实意义。书中所采用的各种定性与定量化研究相结合的方法,也对丰富运输与物流系统优化理论具有重要的理论意义。

1.2 共享物流与共同配送

近年来,在共享经济发展的背景下,"共享"理念频频出现在社会各个领域,物流领域也出现了"共享物流"的概念。物流行业是天然具有共享经济特点的行业。长期以来,我国农村物流受信息不对称、资源不共享、系统不协调和不互通的制约,物流运行效率低下。伴随移动互联网、大数据、云计算、物联网等技术的普及与应用,瓶颈不断突破,越来越多的物流资源将被进一步深度开发共享,智慧共享、全面创新、效率提升的物流业发展时期已来临。目前,在国外有 Transa、Nistevo、GNX、WWER 等著名的物流公共信息平台;在国内有交通运输部国家物流公共信息平台、林安物流集团的公共信息平台、传化物流集团的公共信息平台、唐山物流资源电子商务交易平台等[3]。2020 年 3 月,交通运输部下发《农村交通运输综合信息服务平台推广实施指南》,正式启动农村物流公共信息平台搭建的工作,这给从事物流服务的高科技企业(第四方物流企业)和运输与物流领域的科研工作者指出了方向。

物流活动由物品的包装、搬运、运输、储存、流通加工、物流信息等六大要素构成,配送是物流活动的关键一环。作为共享物流的重要组成部分,共同配送也越来越多地被人们所提及。共同配送是为提高配送效率,将多个配送中心的设施、客户点以及自身信息等资源进行集中整合,形成一家对多个客户进行服务的大型配送中心,将不同客户点的货物或者商品集中在一起,统一进行配送作业。以便达到节约成本,提高配送效率以及减缓城市交通压力的目的。快递实行共同配送的本质是多家快递企业之间达成合作,共同组建配送联盟。由此一来,形成合作的快递企业不再受限于自家快递的转运以及派送模式。一家快递企业旗下的快递员可以同时派送参与合作的快递公司的所有快递,从而有效降低运输成本,极大地促进末端快递物流规模化发展。

1.2.1 共同配送的模式

共同配送模式可以按不同的标准分类:根据是否自建配送中心,可以分为自建配送中心的共同配送模式和承包给第三方的共同配送模式;根据主要出资方或者提供各项物流资源的主体,可以分为以供应商为主体的共同配送模式、以物流企业为主体的共同配送模式以及以政府为主体的共同配送模式。

1.2.1.1 以供应商为主体的共同配送模式

由一家供应商独立出资建设共同配送中心或者多家供应商共同出资建设配送中心进行共同配送的模式称为以供应商为主体的共同配送模式,如图 1-1 所示。此配送模式中的供应商为最初一级供应商,也可将其视为生产商。多家供应商在合作初期对各方所占投资比例、收益划分模式、风险承担情况进行约定,以便形成可达成长期合作的共同配送联盟。

此共同配送模式对供应商各方面要求较高,会占用供应商较多的人员、设施以及资金等资源,但是在商业信息的保密、出现危机时的风险承担以及特殊时期的物资和人员调配方面具有优势。

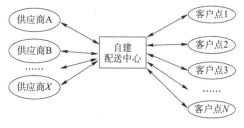

图 1-1 以供应商为主体的共同配送模式示意图

1.2.1.2 以物流企业为主体的共同配送模式

由第三方物流企业共同出资建设各级中转站以及配送中心组成共同配送联盟的配送模式,即是以物流企业为主体的共同配送模式,如图 1-2 所示。在合作前期根据合作形式制定相关协议,来约定收益如何在各方之间进行分配,并声明各方需要承担的责任和义务。联盟中的企业之间可以实现车辆、人员、中转站、配送中心等资源以及商业信息的完全共享。但此种配送模式,可能会由于合作伙伴之间前期分工不明确或者收益分配不合理等原因导致联盟各企业无法达成长期稳定的合作。"菜鸟驿站"即为由阿里巴巴牵头,各家快递企业共同参与建设的以物流企业为主体的共同配送模式。

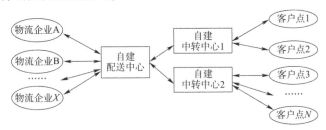

图 1-2　以物流企业为主体的共同配送模式示意图

此共同配送模式可以实现对各家物流企业的物流信息进行集中整合,对需要配送的货物进行统一调配、集中分拣、统一配送,对配送车辆、人员进行统一安排,从而实现对多个区域的全覆盖、无重合配送,极大地减少人力物力的消耗,起到降低配送成本的效果,从而缓解单个物流企业的物流成本压力。

1.2.1.3　以政府为主体的共同配送模式

以政府为主体的共同配送模式是以政府作为共同配送联盟的发起者,由各家快递公司以及供应商作为主要参与者,来建设本地区的共同配送联盟,政府给予一定程度的政策支持,如图 1-3 所示。在此模式下,政府出台相关政策,将共同配送管理属性归属至公共属性,将承载配送服务的道路纳入公共交通规划的考虑范围内,对末端配送环节所需的各类基础设施以及配送场地进行规划;出台各类交通管制政策,在一定程度上给予物流配送最大的便利;引进物流方面的专业人才,并加强本土人才的培养;给末端配送人员提供更多的激励政策;推进共同配送物流信息平台的开发与利用,提高配送效率。

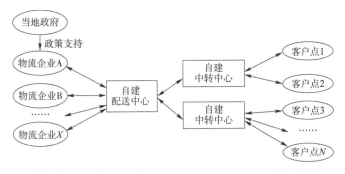

图 1-3　以政府为主体的共同配送模式示意图

以政府为主体的共同配送模式可以实现社会资源的最大化利用,同时可以解决发展过程中所遇到的一些仅依靠企业难以解决的问题,这有利于共同配送这种高效配送方式的推广,最终提高社会物流配送的整体服务水平。

1.2.2　共同配送的特点

共同配送模式可以在最大程度上对供应商、企业以及社会资源进行全方位的整合,实现社会资源共享。共同配送可以减少车辆的使用数量以及车辆行驶总里程,从而可以有效降低配送成本,提高配送效率。共同配送中的信息共享,可以降低车辆的空载率,缓解城市的交通压力,在一定程度上减轻物流活动给环境带来的影响。

共同配送作为一种新兴的配送方式,在实际应用过程中仍存在着联盟企业间组织协调困难、费用分摊不合理、商业机密易泄漏等问题。由于各物流企业服务的供应商对货物配送条件有自己的要求,对配送的时间、地点,配送的数量、安全性等方面的要求可能存在着一定程度的差异,要把这些要素协调起来,是一件非常不容易的事情。共同配送所产生的利润在供应商、物流企业之间进行分配时,可能会由于缺乏科学、客观的标准,难以做到公平、合理地分配。此外,因为不同供应商都有自己相对稳定的客户群体,一旦实现共同配送,销售信息就会较容易泄漏。

1.2.3 共同配送的经典应用

1.2.3.1 美国胡灵顿仓储服务公司

1961年,美国胡灵顿仓储服务公司将 Quaker 公司、General Mills 公司、Pillsbury 公司以及其他公司的日用食品杂货订单整合成一个订单,整车运输发往同一个销售商,这样做大大降低了运输成本。

在当时,这种做法只是被称为"库存整合"。那时还没有像"共同配送"这样复杂的名词,但从其本质可见,和共同配送属于同一性质,可认证为共同配送的雏形。

1.2.3.2 7-Eleven 便利店

20世纪90年代以来,日本零售业为了提高物流效率,开始使用可以同时向多家店铺共同配货的方法,特别是便利店总部向其连锁门店进行货物共同配送等新形态的配送方式开始普及。据相关统计调查显示,日本大多数零售企业的配送方式均为共同配送,共同配送的使用率可以达到55.4%,其中41.4%由配送中心进行配送[4]。

在日本的各大城市里,几乎相隔几百米就会有一个面积约100平方米的便利店,便利店的主要销售物品是日常消费品,绝大部分都是24小时营业,给人们的日常生活带来很大的便利。每家7-Eleven便利店的平均面积仅有100平方米,但参与售卖的商品可达3000种。7-Eleven为提高可销售商品的种类和数量,尽可能增大门店的售卖面积,这种情况下通常没有仓储空间,各种货物必须通过配送中心得到及时补充。同时,7-Eleven在进行店铺位置选择时,并不是到处撒网,而是选择一定的区域,在选定区域内高度集中开店,店铺达到一定的数量后,再扩充至其他的区域。在这种情况下,7-Eleven按照不同的地区和商品群进行划分,组成配送中心,由该配送中心进行统一集货,再向各店铺进行配送。共同配送中心拥有互联网数据信息系统,上游跨过批发商直接与供货商相连,下游与7-Eleven的各个零售店铺相连,此环节可节省由于批发商的存在而导致的配送时间延长以及价格上涨。7-Eleven店铺设置一般是在中心城市商圈附近35公里、其他地方市场方圆60公里的范围内,设立一个共同配送中心,以此来实现小批量、高频度、多品种的配送。

由于逐步推广共同配送,7-Eleven的配送车辆明显减少,交通流量削减了83%,其通过共同配送系统配送的商品占全部商品的85%,而且配送距离和配送时间也随着配送区域的缩小而缩短。同时,这种做法令共同配送中心的数据信息系统能充分掌握商品销售、在途和库存的信息,使得7-Eleven逐渐掌握了整个产业链的主导权。

1.3 农村共享物流发展及研究现状

国内对于共享物流的研究在2013年之前成果较少。自2013年以后,随着车货匹配平台的不断涌现、菜鸟驿站的快速发展,以及智能快递柜的频频入驻,共享物流的发展模式受到国内众多学者的关注,共享物流的研究呈现爆发式增长。王小丽和李昱彤[5]对我国学术界关于共享物流的研究成果进行了总结归纳。戈兴成[6]分析了我国农村物流所存在的问题,构建了共享经济背景下的农村物流体系,最后结合农村物流体系的构建原则,提出了完善农村物流体系的对策。宋丽敏[7]基于共享物流模式提出了以共享资源为基础的电商共同配送模式"O2O共享+共同配送"模式和"村镇电商集配站+共同配送+共用智能自提柜"模式,并结合河南省某农村地区的实例分析了农村电商共同配送模式的有效性。赵广华[8]提出农村电商共同配送可采用基于资源共享的运作模式、"O2O平台+信息共享"运作模式、"4PL+X"契约性大众分包运作模式和"村镇电商集配站+智能自提柜"运作模式。叶丽巍[9]采用了Blauwens和DeBaere的运输成本计算方法以及滴滴顺风车的里程计算方法,并结合超网络模型下的Floyd成本优化方法进行农村"最后一公里"配送物流成本优化,并对传统模式和共享模式成本进行了对比。吴汪友、刘伟[10]借鉴SWOT方法原理,对建设农村区域共享型冷藏仓库的优势、劣势、机遇、威胁进行分析,构造SWOT矩阵,分别从增长型(S+O)、扭转型(W+O)、多元型(S+T)、防御型(W+T)提出应对农村仓库建设资源不足以及冷链服务现代农业的策略。汪小龙、唐建荣[11]从农村电商物流布局、农村消费与电子商务、农村物流与电子商务等角度,以农村淘宝为实例,探讨农村居民消费与农村电商物流的关系。

农村人口分散,快递难以实现规模效益,发展共享物流是解决农村地区物流效率低下的有效途径。在国家政策的引导下,各地对于发展农村共享物流已经有所行动,纷纷研究适合当地的共享物流体系。肖云梅、刘琼等[12]对长株潭地区农村物流传统配送模式现状及存在的不足进行了分析,构建了基于"共享经济"背景的农村物流配送体系,并对其关键策略进行了阐述。费汉华[13]以农村生鲜电商与冷链物流体系为例,分析了江苏省农村生鲜电商物流的发展现状,提出了江苏省生鲜电商共享冷链物流体系构建的主要思路。闫莹、赵玲等[14]探讨了宜昌秭归农村物流资源共享模式、襄阳宜城农村物流资源共享模式、宁波宁海农村物流资源共享模式,为国内其他地区开展农村物流资源共享提供借鉴思路。李鸿冠、林朝朋等[15]在共享物流的视角下,提出"客鲜共载"模式,并以官庄畲族乡为例进行适用性分析。

目前学术界关于农村共享物流的研究成果除了有对现实情况的调研,对策性的分析以外,还有一些是从系统分析的角度,将实际问题的解决归结为一些量化分析手段。物流系统是一个复杂的巨系统,而物流网络支撑起了整个物流系统。在物流网络中,配送节点是构成网络的设施条件,而车辆运行轨迹体现出网络中运输的组织情况,它们是网络系统构成的两个基本要素,对于共享物流网络也不例外。所以在共享物流网络的设计中,首先需要研究节点选址和车辆路径优化这两个问题。其次,共享物流联盟的稳定性也很重要,这直接关系到共享物流活动是否能够顺利开展。最后是共享物流信息平台车源与货源的高效匹配,这为共享物流活动的实施提供了保障。

(1)物流网络节点选址问题

王勇等[16]认为在供应链和运输系统中,两层物流配送网络被广泛采用,并研究了两层物流配送网络配送中心的选址问题。两层物流配送网络由少量的物流中心、几个配送中心和数量较多的客户组成。货物是从一个物流中心分发到每一个配送中心,然后再做进一步分发,或者是从物流中心直接发送给终端客户。由于多个配送中心能够实现分区域配送,这对于缓解城市拥堵、降低污染是一个有效策略,在设计共同配送网络中应该被采用。Sun Huijun 等[17]对配送中心的选址问题构建了双层规划模型的研究框架,上层模型的目标是最小化规划建设者费用,下层模型的目标是最小化客户费用,最后基于简单算例进行了计算。姜大立和杨西龙[18]建立了易腐品配送中心连续选址模型,并设计了嵌入 ALA 方法的混合遗传算法。

(2)车辆路径优化问题

曹鑫[19]研究了电商物流共同配送多目标车辆路径鲁棒优化模型,并使用多目标优化算法 NSGA-Ⅱ进行求解。Timothy Curtois[20]认为车辆在运行过程中既收货又发货,实现了运输作业的整合,减少了空车里程,所以采用收发问题(Pickup and Delivery Problem,PDP)模型解决车辆路径规划问题,被看作是在共享物流场景下可以采用的一种技术。与 PDP 问题在减少空车里程方面具有类似价值的还有同时送取货车辆路径问题(Vehicle Routing Problem with Simultaneous Delivery and Pickup,VRPSDP),相对于 PDP 问题一个客户节点只有一种发送或接收需求,这是一个客户节点同时具有发送和接收需求的车辆路径问题。王科峰等[21]总结归纳了国内外对于 VRPSDP 问题的研究进展。盛虎宜等[22]考虑到农村电商物流配送问题中区域内多配送中心,客户居住地较分散,同时具有集货和送货双重需求、集货量与需求量都比较小等因素,引入多配送中心下的 VRPSDP 数学模型进行基于共同配送策略的集送货一体化车辆路径问题的研究。李冰和党佳俊[23]将选址问题和 VRPSDP 问题结合起来,进行了多配送中心下生鲜农产品同步取送选址-路径优化问题的研究。VRPSDP 限制客户节点的访问只能被一辆车访问一次且仅一次,这样的限制有时对行驶路径总长度最小是不利的,因为有的时候允许对客户节点需求实行多辆车的拆分运输可能会使得运输费用最小,所以 Mitra[24]提出了集送货需求可拆分的车辆路径问题(Vehicle Routing Problem with Split Delivery and Pickup,SVRPDP)。王科峰[25]从该问题的计算复杂性和可简化性以及求解算法方面进行了研究。考虑到一天当中快递不会一次性到达物流中心,而是多次到达,一辆车在完成一次配送任务后返回物流中心还可以再次执行配送任务,客户对服务有时间窗要求,Diego Cattaruzza 等[26]提出带时间窗和发货期的多行程车辆路径问题(The MultiTrip Vehicle Routing Problem with Time Windows and Release Dates,MTVRPTWR),并采用遗传算法进行求解。

(3)共享物流联盟的合作机制问题

Jia 和 Yokoyama[27]利用合作博弈理论对电力企业的利益分配问题进行了研究,提出了为电力企业联盟进行合理利益分配的方案。琚春华等[28]通过采用不同的方法,如 Shapley 值法、最小核心法、简化的最大最小费用法以及纳什谈判模型等,来解决共同配送中的利益分配和成本分摊问题,并对算法进行了比较分析。王勇等[16]认为共享物流联盟需要在收益最大化的基础上对利润合理分配,以保证联盟存在的稳定性,首先通过构造一种多车场车辆路径问题数学优化模型得到联盟带来最大收益,然后采用博弈论中的 Shapley 值法进行收益的分配。

(4) 车货匹配问题

国外对车货匹配的研究更偏向于车辆与货物配载方式的研究[29-30],国内则集中在匹配系统设计方面。从国内的研究成果来看,车货匹配依据双边(车主、货主)匹配理论可以分为一对一匹配、一对多匹配、多对多匹配模型[31]。在双边理论思想指导下,国内目前关于车货匹配的研究主要有如下几种:

①通过建立评价指标体系,将车主和货主的满意度最大化作为车货匹配交易撮合成功的目标进行建模[32-33];

②通过建立评价指标体系,利用多目标匹配排序法,构建车货两层筛选匹配模型[34-35];

③考虑车辆空间利用率和载重利用率的车辆配载问题[36];

④基于语义网技术的车货信息匹配。

目前的车货匹配平台主要分为公路货运平台和同城货运平台。公路货运平台的业务主要是服务于长途货运,同城货运平台一般仅限于城市内部,鲜见车货匹配平台在农村范围内的应用。

1.4 本章小结

本章阐述了研究农村共享物流网络体系建设及运行机制的背景及意义,并从共享物流、共同配送、农村共享物流发展及研究现状三个方面对本书关键概念进行了介绍。

2 国内外农业组织形式及农村物流模式

在我国,家庭联产承包经营、规模化的大户经营、农村专业合作社、农业公司这几种形式同时并存。但是在大部分地区,我国农业组织形式还是以基于家庭联产承包责任制的传统的农户经营为主,部分地区有农村专业合作社,不过技术水平和专业化水平还比较低,生产规模也比较小。目前,部分学者已经就国外、国内农业组织形式,农业物流流通情况进行了充分的对比分析[37]。分析表明,国外发达国家的农业组织形式具有规模化、公司化、系统化、组织性强的特点。另外,发达国家高新技术在物流运输业的应用与发展已经比较成熟,农业物流可以比较高效地运行。这些都与它们自身的地理条件、社会历史和制度有着紧密的关系。基于我国实际国情,我们不能完全照搬国外的农业物流模式,但是从各国农业物流发展趋势来看,绿色、高效、降本是各国追求的目标。

2.1 国内外农业组织形式

2.1.1 中国农业组织形式

第一,传统的农户经营,即土地家庭承包经营[38]。也可以叫作小农经济或者小农经营,其特点是在家庭联产承包责任制体制下,农户成为土地的承包经营单位,家庭劳动力直接从事农业生产。虽然从家庭来看,组织形式一直以来没有大的变化,但是家庭经营的外部条件已经变化很大。由于城市扩张、工业化水平提高和城市生活方式的示范带动作用,越来越多的农村青年产生对于城市生活的向往和进城务工的愿望,农村青壮年人口流失问题比较严重。传统的农户经营是中国农业经营的主体,以农产品市场价格为前提,以自己是否能有稳定收益为中心,合宜则种,不合宜则土地休耕,这是传统的以承包土地为主的农户经营的主要特点。党的十六届三中全会在进一步明确"土地家庭承包经营是农村基本经营制度"的基础上指出,支持农民按照自愿、民主的原则发展多种形式的农村专业经济合作组织。

第二,规模化的大户经营。这种组织形式在经济发达的苏南地区和东北比较普遍。在传统粮食主产区和市场经济发达地区,规模经营大户已经成为新的农业经营的主体。所谓的规模经营大户是指,每个劳动力经营30亩以上,每个农户经营60亩以上。现在有的规模大户经营规模已经达到3000~6000亩。生产者主体是传统意义上精明能干的粮食生产能人,生产资金主要依靠农民自己积累,也有一部分来源于借贷或者是社区内部的金融合作,在农业生产的产供销上、中、下游依靠社会化服务支持,生产技术、咨询服务、农机配套由市场解决。依赖于成熟的传统农业种植技术以及经营经验积累,加上部分国家政府提供的免费低费的新技术推广和市场提供的咨询技术服务,依据农产品的市场价格和未来估价,农民有充分的生产经营自主权。现在国家确定的粮食基地、农业农村部督导的高产创建主要采取这种形式。可以说,中国目前主要的粮食生产,就是采用这种形式。

第三,农村专业合作社和股份合作社。农村专业合作社把分散的生产进行系统集成,形成规范统一的标准化生产模式,实现田间设施标准化、栽培技术模式化、管理服务专业化、生产过程机械化,有利于提高农业生产效益。但其资金主要依靠自筹,技术也受到农民眼界和知识结构的限制。

第四,农业公司。农业公司的发展既缘于农业升级的需求,也缘于地方政府对工商资本参与现代农业园区建设、建设农业示范园区的引导。园区与农业公司配套培育农民专业合作社。农民进入农业公司相当于打工,种子选择、经营技术、管理服务、产后销售均由公司负责,技术支持、咨询服务、劳动力培训由公司提供,农民获得的是租金收益、劳务收益,有的还包括农产品出售的分成收益。现在的国家粮食基地农业园区、蔬菜大棚、现代化养猪场、养鸡场、奶牛场、特定和特种农产品种植基地,多是采用这种经营组织方式。这样的农民是人地捆绑一体进入公司的,农民的职业培训是在生产过程中进行的,不是所谓的先培训再就业,而是就业培训一体化。

虽然我国农业组织形式多样,但是在大部分地区,我国农业组织形式还是以基于家庭联产承包责任制的传统的农户经营为主,部分地区有农村专业合作社,不过技术水平和专业化水平还比较低,生产规模也比较小。

2.1.2 日本农业组织形式

1949年日本颁布实施了《农业协同组合法》[39]。根据此法,日本各地陆续建立起规模和影响最大,组织基础最广泛的农民互助合作组织——农业协同组合,简称"农协"。日本农协采取三级系统的组织体系,即分为中央农协、县级农协和基层农协。基层农协一般是以市、町、村等行政区域为单位组织起来的,这是农协系统的基础。基层农协以上有都、道、府县级组织,以基层农协为团体会员。都、道、府县级农协之上,还有全国性的中央农协,以县级农协为团体会员。从基层到都、道、府再到全国的三级农协组织被统称为"系统农协",各级组织彼此关系密切,各项事业均可通过对应机构上承下达,统一行动。作为农民自主经营的农业经济合作组织,农协主要从事农产品销售,农业生产所需肥料、农药及农机器具采购,金融、技术与经营指导等活动。以"农业者"(包括农户以及小规模农业法人)为主体,由于其成员既是生产者,又是消费者,因此,农协也提供日常生活资料,还开展存贷款等信用事业、共济互助事业以及老年人的福利、健康管理、旅行等多种事业。

简言之,农协发挥着农户与市场、农户与政府之间的中介和纽带作用。在生产方面,为减少生产资料流通环节和降低成本,根据会员的需要,农协会组织农用生产资料的集中采购,由农协统一与生产厂家订货,再分售给各会员。对加入农协的农民,其日常生活用品由农协组织统一购买,可以享受出厂价或批发价。农协还会对农民的生产进行全面指导,包括生产技术的提高、生产计划的安排制定、种植业结构调整等。同时农协利用自身优势进行农产品的开发,使组织起来的农民增加经济效益。在销售方面,集中销售农产品是农协重要的日常工作。农协销售的农产品包括大米、蔬菜、花卉、水果等,销售的方式有超市销售、批发市场销售和直接销售。集中销售既可以防止中间商的压质压价,也能避免各组合之间的相互压价竞争,保护农民的利益。

作为农村生产和流通的实际组织者,农协通过发挥农户与市场之间的桥梁作用,在农产品的生产和销售过程中,从产量、品种、时间等要素入手,结合市场经济的机能,疏通了小规模农户进入大流通市场的渠道。农协集中联合购买生产资料,更是个体农户所无法做到的。总之,农协在从生产到流通的整个过程中发挥了个体农户无法承担的功能,在一定程度上或在某些方面实现了"规模效益"。

2.1.3 美国农业组织形式

美国农业把农用生产资料的制造、供应,农产品的生产、收购、储运、加工以及销售组成农业综合体[40]。美国农场虽以家庭农场为主,但是它的规模很大,在农场里从事劳动的人却很少。美国农场的产量大、专业化和商品化程度高,农产品几乎全部要出售,同时也要买进几乎所有的生产资料和生活资料,而这么多事情不可能样样都由农场主自己动手去干,所以农业领域的各种服务公司应运而生。像种植业农场的选种、施肥、喷药,或者畜牧业农场的配种、配饲料、防疫等都由专门的服务公司参与进来。农场主只需要打个电话给专门的种子公司、农用资料供应公司,所需要的东西就会按期保量地送到农场或地头。农业生产者只要开着机器把庄稼种上,按时施肥、喷药,或喂养好牲畜待作物收货后或牲畜达到标准后,打电话通知农产品加工公司,请他们按合同规定把农产品拉走就可以了。因为美国农场的产量大,大多数农场主无力去从事农产品运输和加工,农场生产的农产品大多是根据与农产品加工公司签订的生产合同来生产的,农产品由农产品加工公司或农场主合作社定期到农场收取,然后再分送到超级市场或加工厂加工。

20 世纪中叶以来,随着一体化农业的发展,美国的农场主合作社和公司农场越来越多。美国的农场主合作社主要为农场主供应物资和销售它们的产品,不经营农场,不插手农业生产。而公司农场是一种农业综合企业,它们把农业的供、产、销的全过程置于自己的控制之下,把农业生产垂直结合在自己的农业综合企业内,从而把供、销和生产更紧密地结合在一起。

2.2 国外农村物流发展情况

2.2.1 国外农产品流通发展情况

2.2.1.1 日本、韩国模式

日本与韩国等海岛或半海岛国家大多人口较多而耕地面积较小,由此造成农业规模小且农产品的生产过程不够集中,但是市场需求很大[37]。生产规模较小、流通规模较大,二者之间产生了难以协调的矛盾,在这种情况下,政府被迫通过进口农产品的方式满足区域内民众对农产品的需求。为使农户的生产行为能够与市场实现完美对接,这些国家成立了相关的合作组织,帮助农户协调"小生产"和"大市场"的矛盾,使生产和销售过程的流通性得到了极大的增

强。具体措施如下：

(1) 为降低因分散生产而造成的差异性，制定了统一的农产品标准化，实行共同运输

依托农户合作组织，农户能够更加及时、全面地获取农产品供求资讯，制定统一的产品生产计划，并按照相关标准统一生产，统一对产品进行质量检测及包装、运输等操作，达成产销目标。因此，日本等国极大地降低了因生产过程不够集中而导致农产品在质量、规格及包装等方面存在的差异性，以及在运输过程中导致的农产品损耗，使农产品输出的质量有了保障，极大地规避了农业生产的市场风险。

(2) 以销售地为中心，建立农产品批发市场，为人口较多的城市市民提供充足的农产品

鉴于日本和韩国等国城市化的程度较高且农产品的生产总量较小，国内不少城市人口十分密集，农产品的供应量无法满足市民消费的需求。为缓解供需矛盾，日本、韩国等国在人口较为密集的城市建立批发市场机制，为农产品的营销提供完善的运销途径。以日本为例，其农产品批发市场共有3级，分别为中央、地方及其他批发市场。其中，中央批发市场主要负责缓解不同区域对紧缺农产品的需求矛盾，同时对大宗进口农产品进行分货，并在重要地域建立批发点，使生鲜产品能够快速流通。后两种批发市场主要负责平衡中小城市农产品的供应需求，依托竞价成交的准则，以竞争的方式进行现场定价。

2.2.1.2 美国和加拿大模式

美国和加拿大等国家国土面积大，农业生产技术水平较高，农业生产的专业化能力较强，依托国内几个重要的农产品产区，农产品的产量较大，农场主在大规模的耕地上能够进行规模化生产[37]。而且这些国家的农产品从生产到销售都有着明确细致的分工，专业性极强。这些国家依托农业生产极具规模的优势，围绕农产品的生产基地，以农场主为核心，建立完善的批发市场体系，加快农产品的流通过程，农产品除了能够满足国内的需求以外，也能够大量出口，成为当今世界上主要的农产品出口国家，在世界农产品市场上有着较强的竞争力。批发市场体系下批发商的存在在很大程度上促进了国内农产品生产系统与国内外诸多消费市场的有效对接，使大规模的生产过程和分散的消费市场之间的冲突得到了化解。从交易的场所来看，其交易场所十分灵活，可在市场内外进行；从其交易的方式来看，它同时支持现货和期货市场交易，提高了交易的效率，节省了交易的成本。以美国为例，其蔬菜和水果批发市场在2016年8月达到了8687个，且批发商的人均经营额大于50万美元。美国的批发商之所以会如此成功，在很大程度上是因为他们能够将当前市场的资讯迅速地传递给下层农户，确保产供求的均衡与协调。

除了强大的批发市场体系，美国成立农产品配送中心，依托超市直销等手段和途径，建立顺畅的农产品供应链。随着人类文明的进步和全球经济的进一步发展，人们的消费层次和消费理念逐渐发生了变化，对超市那些干净的蔬菜、水果及其他各类成品或半成品的农产品表现出了极大的购买倾向，这就直接促进了农产品超市直销业务的开展与发展。部分大规模的农户牢牢把握住了这一商机，对传统的农产品产销机制进行了大刀阔斧的改革，使农产品的产业链条有所延展，使农产品产销过程的一体化成为可能。餐饮等第三产业企业开始建立农产品配送点，依托生鲜产品等储藏时间较短、流通性较强的特性，在较短的时间内分得了本国市场的一部分份额，推动了该类产品物流规模的快速扩大，改变了农产品的消费手段。

2.2.2 国外农产品物流模式可借鉴之处

欧盟、美国、日本等地的农产品流通存在着一些共性,我国要想在该方面获得较大的发展,应向其学习经验[37]。

(1)农产品物流的基础设施现代化程度较高且流通网点设置科学

因为大多数农产品都有着较高的保鲜需求,因此要想提高农产品的流通速度,使农产品损耗的可能性降到最低,就要依托便捷的运输方式和科学的流通网点设置,提高产品的交易效率。以荷兰为例,该国的果蔬损耗率一直保持在较低水平,在某些情况下甚至低于5%;相比之下,我国在这方面却有待改善,当前我国果蔬的平均损耗率甚至超过25%。为了提高农产品的流通效益,世界上不少国家都加强了相关基建设施的建设,争取最大限度地发挥公共设施的功能,并且借助合理网点的设置,为果蔬产品的快速流通建立顺畅的渠道。以日本为例,该国市政基建设施的总资产中有40%的资金是用于道路及仓库等主体基建设施的建设。另外,欧盟诸国也加大了对农产品的储存和运输等环节的投资力度,兴建了一批仓库和码头等服务设施,甚至一度将该方面的补贴提高至欧盟农业基金总额的30%~50%。现今,这些国家不仅具有快捷、健全的交通运输网络体系,而且其农产品批发市场的设置也十分科学。以荷兰为例,从航空港口的数量来看,该国虽然国土面积较小,但是除鹿特丹港外,还有其他6个航空港,尤其是鹿特丹港距离果蔬生产基地较近,有着得天独厚的地理位置条件,能够快速地将该国的农产品运往欧盟果蔬集散地巴伦德雷赫。另外,从公路这一交通运输方式来看,该国公路四通八达,并且与水路运输体系结为一体,为该国农产品的运输提供了极大的便利。当前,荷兰大约58%的果蔬产品都走向出口,在中国香港及法国巴黎等城市进行销售,创造了巨大利润。当前,荷兰持有全世界65%的花卉市场份额。

(2)农产品物流产业的信息化水平较高

当前,欧美等国家和地区农产品的信息披露机制较为成熟,而且整个行业的信息化水平较高,农户能够通过遍布整个国家的电子订货系统(EOS)与交易的主体实现联机。另外,还研发了附加值通信网(VAN),使流通的效率得到了极大提高。当前,日本已经建立了覆盖国内所有批发市场的网络体系,实现了业内的联网。另外,对于农产品的零售商来说,电子营销的手段也日益成熟。买家只要在线上轻点鼠标就能在家中坐收新鲜的、质量有保障的果蔬。数据显示,截至2015年,日本农产品的线上交易额达到2500万美元。

(3)农产品物流规模大且专业程度高

当前,围绕农业的产销过程,世界上不少国家都设置有专门的组织机构,以此促进农产品交易效率的提高,具有代表性的有美国的行业协会和日本的农协等。这些组织的运行机制大多较为健全,极大地提高了农产品的流通速度。例如,日本依托强大经济实力建立的农协在日本农业的发展上发挥了重要作用。从本质上看,该组织是一个由官方力量和农户力量共同协作、发挥作用的农民群众经济团体。它成功地集结日本国内的农业散户,为农户利益提供了坚实的保障。该组织一方面在农产品的销售和运输等方面给予日本农户较大的支持,另一方面依托强大的信息平台,向农户提供及时的市场资讯,引导农户的生产行为。

(4)完善的法律法规和市场条例

为提高农产品流通过程的灵活性和协调性,促进农产品交易的成功实现,不少国家都在当前已有法律的基础上,围绕农产品的系列营销过程从法律的层面进行了完善,以确保农产品具体流通过程相关操作的规范性。以日本为例,围绕农产品的交易等问题,该国政府最早在1921年出台了《中央批发市场法》,对农产品的交易行为进行了规定。后来,随着日本国民经济的飞速发展,该国又先后制定了一系列的法律法规,对食品安全等问题进行规范。不仅如此,日本政府还根据社会发展实际情况的改变,定期修订相关法律,给予农户和相关交易行为充分的法律保障。而法制相对健全的美国,更是围绕商品交易的问题,对商品流通的整个过程进行了规范。美国政府先后多次修订农业法律,并将那些依托不公开情报进行内幕交易的行为定为重罪。通过以上介绍可以看出,美国、日本等发达国家都针对农产品的产销过程制定了相关法律,使正常的农产品交易行为得到了保障,维护了市场秩序的稳定性,促进了市场经济的繁荣发展。

2.2.3 国外农资物流和农村消费品物流

从美国、加拿大农业组织形式可以看出,由于大规模生产的需要,农资都是通过农业服务公司或者公司农场的相应部门直接配送到从事农业劳动的农场主或雇佣者手中的,不需要农户自己动手去购买农资。由于配送流程的专业化、标准化程度较高,配送效率得到保障。但是对于农村消费品,由于农村地广人稀,快递配送很不发达,所以农村基本不存在消费品的电商物流。农业者的日常消费都需要开车去实体超市、商场采购。

在日本,为减少生产资料流通中的环节和降低成本,根据会员的需要,日本农协会组织农用生产资料的集中采购,由农协统一与生产厂家订货,再分售给各会员。对加入农协的农民,其日常生活用品由农协组织统一购买,可以享受出厂价或批发价,所以那里的人也很少通过电商网络购买日用消费品,电商物流也不发达。

2.2.4 国外农村物流配送管理的趋势

(1)低碳物流成为行业发展的新趋势

世界上农村物流发展完备的发达国家,如美国,已经建成庞大、高效、完备的农产品物流体系,其已经不单单将目光放在拓展市场上。随着全球对于低碳经济发展观念的逐渐认同,各行各业在发展中也逐渐注重资源和环境的保护性开发和节约利用,低碳物流的理念也在低碳经济的背景下得以发展。低碳物流的基本目标就是减少对环境的污染和资源的消耗,优化资源配置、提升资源利用效率,同时节能减污,注重经济与社会效益的统一。低碳物流能够节约资源,促进物流行业和谐可持续发展,在农村物流行业发展中也成了一个必然趋势。

(2)农村物流资源整合与优化配置加速

以供应链管理为核心的系统化物流服务方式正在快速兴起。在信息化、全球化的有力推动下,全球产业链重组进一步加快,连接上下游企业的物流活动也逐渐形成一体化的供应链,农村物流服务逐渐从服务单一企业转向服务供应链。物流企业需要系统梳理和整合供应链的各种物流需求,通过流程再造和整合供应链中的各种物流资源,形成面向供应链全过程的系统化、一体化的新型物流服务管理方式和服务体系。

2.3 我国农村物流发展情况

2.3.1 我国农产品物流发展现状

2.3.1.1 农产品物流总体发展现状

目前,我国已初步建成了完整的农产品物流体系[41]。然而,国内农产品物流区域发展不平衡。物流企业、物流设施、物流活动高度集中在东部沿海地区。我国农产品物流是以常温物流或自然物流为主的,未经加工的鲜销产品占了绝大部分。由于初加工比例低、保鲜技术落后,加上专用运输车辆少、流通信息不畅、在途时间长,农产品运输损耗大,物流成本居高不下。

我国农产品物流主体包括国有商业企业、供销社、民营企业、股份制企业等各类企业,以及农村生产经营大户、专业协会、专业场(站)、专业合作经济组织等。其中,农业产业化龙头企业在农产品物流发展方面起到关键的带动作用。国内农产品流通过程中的环节过多,流通成本层层叠加。我国农产品物流主体的绝对数量大,但单体规模小、组织化程度低,缺乏竞争力。除传统的对手交易外,国内农产品交易出现了期货、拍卖、订单等新型交易方式,同时连锁经营、冷链宅配和网上销售等新型流通手段也有所发展。

2.3.1.2 粮食物流发展现状

国内粮食运输主要靠铁路和水路运输,粮食经过包装,以人工拆包入库、灌包出库为特征的"散存包运"的作业模式造成粮食流通损耗大、费用高、效率差,是制约粮食流通现代化的主要瓶颈。国家目前在推进粮食物流"四散化"变革,实现粮食的散装、散卸、散运和散储;重点改造和建设跨地区粮食物流通道;在交通枢纽和粮食主要集散地,建设一批全国性的重要粮食物流节点和粮食物流基地;积极培育大型区域粮食物流企业;大力发展铁海联运,完善粮食集疏运网络;提高粮食物流技术装备水平和信息化程度。

2.3.1.3 冷链物流发展现状

冷链物流是指以冷冻工艺为基础,以制冷技术为手段,使冷链物品从生产、流通、销售到消费者的各个环节始终处于规定的温度环境下,以保证冷链物品的质量,减少冷链物品损耗的物流活动。冷链物流的适用范围包括生鲜农产品(蔬菜、水果、肉类、水产品、奶类、禽蛋和花卉产品)、加工食品(速冻食品,禽、肉、水产等包装熟食,冰激凌和奶制品,快餐原料)、特殊商品(疫苗等药品),其中生鲜农产品是冷链物流应用的主要品类。肉、禽、水产、蔬菜、水果、蛋等生鲜农产品从产地采收(或屠宰、捕捞)后,在加工、储藏、运输、分销、零售等环节应始终处于适宜的低温可控环境下,进而最大限度地保证农产品的品质和安全,减少损耗,防止污染。国内的冷链运输方式主要包括公路、铁路、航空和远洋四种。其中,公路运输是当前我国冷链运输的主流渠道。受国家产业政策拉动和市场需求影响,近年来国内冷藏运输车辆数量快速增加。

2.3.1.4 农产品电子商务发展现状

自2012年以来,食品特别是生鲜食品逐渐成为国内电商发展的一个热点领域。2015年,生鲜电商发展进入高峰期,互联网化最成功的是水果类和乳品,而传统的蔬菜类农产品网络购买率占比较低。2012年5月,顺丰速运旗下的电商网站"顺丰优选"正式上线,主打水果等常温生鲜品类。2012年7月,京东商城和中粮"我买网"的生鲜频道也相继开通,经营范围涵盖了水果、蔬菜、海鲜水产、禽蛋、鲜肉和加工肉类等常温和低温生鲜品种。2013年3月,"1号店"宣布进军生鲜领域,首先开通了上海地区的全程冷链配送服务;8月开通了北京地区的冷链配送服务,"1号店"执行全程冷链配送,即"中心城区订单出库后24小时送达、郊区48小时送达"的生鲜限时配送标准。2014年4月,沃尔玛山姆会员网上商店首先在深圳地区开通冷藏食品网购直送服务,由山姆专用冷藏车直接配送;通常上午下单,下午送达;晚上下单,次日上午送达;7月,苏宁易购也涉足生鲜网购业务,与全国数十家生鲜直供商达成联营合作关系。截至2015年,在阿里巴巴的平台上,经营农产品的买家数量超过90万家,农产品完成695.5亿元的销售额,生鲜类食品销售占比达到63.8%。其中,广东省的农产品卖家最多,超过10万家,陕西农产品电商发展最快、增速达到56.36%。近几年,电子商务所占据的市场份额依旧只增不减,商品交易网络化已经成为必然趋势。然而受物流条件和人才缺乏的限制,农产品电子商务发展还有很大的提升空间。

2.3.2 我国农业生产资料物流发展现状

1998年我国化肥流通体系市场化改革以来,供销社系统独家经营农资的传统流通组织体系被打破,以供销社渠道为主、其他渠道为辅的格局逐步形成。

(1)供销合作社系统农资企业

供销合作社系统农资企业是我国传统的农资流通主渠道,至今仍是农资流通的主导力量。供销合作社系统农资企业大都拥有自上而下比较健全的管理机构和分销网络,主要承担着政府委托的保量稳价、储备救灾、供应服务等任务,其农资供应和市场保障能力较强。但由于企业众多,绝大部分农资经营企业(含个体门店)存在经营规模小、综合服务能力弱、经营不稳定的特点。

(2)产销一体化经营的农资企业

近年来,国内部分农资生产企业充分利用其资源、品牌、资金等优势,积极向下游延伸业务链,开展农资流通业务。其中,中化化肥目前为国内较大的农资产供销一体化经营企业之一,化肥生产企业四川泸天化股份有限公司和云南云天化股份有限公司分别设立九禾股份有限公司和天盟农资连锁有限责任公司以从事农资流通业务,农药生产企业红太阳控股了苏农连锁。

(3)其他类型企业

自从我国加入世界贸易组织(WTO)后,取消了对外商进入国内化肥分销、零售市场的限制,我国农资分销、零售市场全部对外开放。外资农资企业开始将本国的农资产品销往中国,建立自己的农资流通渠道。此外,我国2009年取消了对化肥流通企业所有制性质的限制,允许具备条件的各种所有制及组织类型的农资流通企业、农民专业合作社和个体工商户等市场主体进入化肥流通领域,使化肥流通领域的经营主体日益多元化。

(4)"新网工程"对农资物联网技术的实践应用

从整体上看,农资物流依然保持着传统的流通方式,即从生产地由铁路、公路运输至中转地或仓储地,再由流通企业的经销渠道将农资产品分流到县镇乡村等使用地。随着农资物联网技术的应用,农资物流的各个环节得到全程监管,农资生产经营活动中的各种相关信息进行数字化处理,并在生产者、流通者、消费者之间确立同一识别标准和加密认证体系,确保信息的对称、安全和实时更新,从而实现农资商品的信息可识别、去向可追踪、责任可追溯的农资质量可追溯机制。

(5) 依托邮政网络配送农资

长期以来,邮政物流组织网络形成了"省、市、县、乡、村"的行政管理网络模式,具有点多、面广和线长的特点,在农资流通过程中,结合中国特色社会主义新农村建设、村邮工程和万村千乡市场工程三个阶段发展农资经营业务,在原有网点的基础上,通过升级改造,叠加邮政业务,在广大的基层及农村形成了规模性的"三农"服务点,如县级、乡级、村级直营店、加盟店和代办点。邮政物流不像农资经销商那样买断价格,而是利用专业的配送能力,只承担配送职能,在基层统一定价销售,然后由厂家支付固定的利润作为物流服务费用。为了避免邮政物流的配送网络和已有的经销商网络冲突,农资企业将附加值相对较高、运输量不是很大的品牌交给邮政物流配送。目前和中邮物流合作的农资生产企业已经从原来叶面肥、农药等高附加值的产品逐步扩展到附加值相对较低的大众产品。

(6) 农资的电子商务模式

农资由于需求比较分散,且季节性非常强,如果农资企业都在基层自己建设实体店,往往会因为物流成本太高而入不敷出。而通过农资的电子商务模式,只要农户能上网下单,县级服务中心在接到农户批量订单后,几天之内就会把农资完好无损地配送到农户家。

2.3.3 我国农村日用消费品物流发展现状

与城市相比,农村经济相对落后,导致农村消费市场容量较小,因此农村物流需求水平低,物流业发展缓慢;农户居住分散,农村物流基础设施和物流技术装备落后,交通条件差,导致配送成本较高、物流配送设施投资回收期较长;农民收入相对较低,客单价低,购买频次多,对价格敏感度高,导致物流配送成本居高不下,经营业务利润率低。与城市相比,农村物流管理成本大大高于城市。在燃油价格上升、人力成本提高、仓储租金上涨和税负较高等压力下,农村物流企业经营压力较大。在国家对"三农"继续实施"多予、少取、放活"政策的背景下,农村物流因其公益性而受到从中央到地方各级政府的重视和扶持。从商务部的"万村千乡市场工程",以及国务院的"新网工程",在国家政策的引导下,地方各级政府也纷纷出台一系列配套政策,大力支持和推动农村连锁超市的发展,通过行政和经济等多种手段合力为农村连锁超市的发展营造良好的环境。物流环境的改善为农村连锁超市的发展铺平了道路,越来越多的零售企业愿意到农村开展业务,为农民带来实惠的同时也实现了自身的发展。

2.3.4 我国农村物流存在的问题

(1) 流通环节问题

虽然目前我国农村流通渠道已基本形成,但其环节仍过于复杂,大部分农产品流通仍以传统模式为主。流通规模小、渠道杂乱、缺乏流通效率、规模较大、产业化运作的流通主体等问题突出。例如,农产品从生产者到消费者要进行3次以上才能完成的运输过程。

(2)物流认识问题

农资企业和农民热衷于封闭式经营,缺乏合作精神,对农村物流的认识仍停在农产品的仓储、运输上,没有从现代物流学的角度考虑满足客户需求及成本与效益的均衡。当前农产品物流涉及生产、销售、消费全过程,应通过其信息的系统流动过程来降低流通成本和交易费用、提高农产品的附加价值、增加农民收入和企业竞争力。认识上的不足和片面导致我国农村物流发展缓慢。

(3)农村物流基础设施落后

农产品是自然的产物,具有季节性、易腐性及周期性等生物属性,易腐烂变质。这种属性对其储存、运输、包装、装卸搬运、流通加工等提出了较高的要求。我国农村部分地区不通铁路、公路路况不好、交通阻滞,加上很多地区基本没有高等级公路,交通方式单一,无法实现多式联运,使农产品物流不畅,增加了物流成本和经营风险。此外,我国农产品物流设备的标准化程度低,机械化和自动化水平差,农村物流的基础设施不健全,物流设备也比较落后。

(4)农村生产组织水平低

农村物流主体基本上是分散的农户,发育不完善的合作组织和数量少、规模小的龙头企业,层次低、离散性强、联合性差、组织化程度低、设备设施差、技术条件落后、各自为政、缺乏竞争力、渠道链条缺乏整合。

(5)物流运营技术条件差

物流的每一项功能的实现,都与物流技术水平和设备及基础设施紧密相连。农村路况差,使得运输安全性差、破损率高,运费相对就高;没有先进的冷藏设备,鲜活农产品就难以保质运输;农村物流信息化程度很低,信息处理手段与技术落后,使得信息处理功能欠缺、电子商务应用滞后,从而造成商流、物流、资金流、信息流缺乏协同效应。

2.3.5 我国农村物流需要改进的方面

(1)加强农村物流基础设施建设

农村物流水平的提高需要有较为健全的农村物流基础设施作为保障,政府应加大对农村物流基础设施的投入力度。地方政府应在中央财政拨款的基础上,根据本地实际情况设立农村物流基础设施建设专项经费制度,并列出农村物流基础设施改进计划表,分阶段、分步骤地完成;制定优惠政策,吸引民间资本、外国资本投入到改善农村基础设施中来;使税收、金融政策等向农村物流基础设施项目倾斜。

(2)加大农村信息化建设力度

农村物流基础设施不完备是我国农村物流发展的硬件制约因素,而农村信息化建设的落后是其软件制约因素。近年来,农村物流发展减缓、农民收入增长缓慢,很大一部分原因是缺乏及时有效的信息。农村物流信息对于农村物流的发展至关重要。农村物流信息具体包括与农村物流有关的政策法规、生产经营信息,以及与物流本身流程有关的运输、仓储、包装、搬运、加工等各种物流技术信息等。各级政府应该根据本地区农村物流发展的需要,建立健全符合实际的农村物流信息平台,并在农村物流发展相对发达的地区设立多个物流信息子平台,时刻收集物流信息,发布物流信息;加大宣传推广力度,使更多农民了解物流信息的收集方式;加强广播、电视、电话、互联网等农村物流信息化基础设施建设;促进农村物流信息咨询服务业的发展。

(3)培育农村物流市场主体

积极促进农村物流资源的整合,实现市场主体多元化。加快原有农产品流通企业资产重组改造步伐,改变规模小、服务单调和封闭运行的现状,按照农产品流通产业化的发展方向,重点加大对农产品批发市场、农产品运输企业、进出口企业、物流配送企业和大型食品连锁超市的扶持力度,以市场为依托,组织农产品运输协会,鼓励"生产地+农户""加工企业+农户""产运销企业+农户""配送中心+农户"等模式的发展和培育,提高市场主体的组织化程度。

(4)大力培养现代农村物流人才

我国对于物流,特别是农村物流的专业化研究较为薄弱,农村物流人才极为缺乏。针对这种情况,政府和各高等院校、中等职业学校应当联合,共同致力于专业农村物流人才的培养。政府对于开设有关农村物流专业的学校给予一定的资金支持;大中专院校和中等职业学校应在大力引进物流师资人才的基础上,开设适合我国农村物流发展的专业课程;还可以通过开设各种形式的农村物流培训班、举办农村物流发展论坛、到国外农村物流发达地区考察等形式促进农村物流人才的培养。

(5)提高农村物流技术水平

随着现代科技的发展,物流设备、物流技术在不断地提高,可以最大限度地改善农产品运输、储存过程中的损耗,降低物流成本,提高产品附加值。政府应通过财政贴息、金融支持等方式鼓励农村物流企业或个人购买先进物流运输设备、冷藏保鲜设备等;不断加强农村物流标准化工作,在运输、包装、加工、仓储等物流环节根据市场要求,采用国际或国内相关物流标准,积极发展集装箱、大型冷藏车运输,不断改进农村物流技术。

2.3.6 我国农村物流的发展趋势

(1)成本不断下降

国际上衡量一国物流发展水平的主要指标是该国物流成本占国内生产总值(GDP)的比重,比重越低,表明物流水平越先进、物流效率越高。随着农村物流体系的快速建立与发展,其先进的物流技术、优化的物流管理和完备的物流功能,必将使农村物流成本不断降低。

(2)成为农村经济新的增长点和重要经济部门

农村物流已经成为农村经济发展必不可少的一部分,其发挥着现代经济加速器的功能,以前所未有的发展速度为农村经济的发展作出贡献。伴随着农村物流产值占第一产业产值比重的持续上升,农村物流正逐渐成为农村经济新的增长点和重要经济部门。

(3)农村物流功能的系统化

农村物流是服务于农业生产资料、农产品及相关信息的,包括生产收购、运输、储存、装卸、搬运、包装、配送、流通加工等各种功能的综合性物流活动。它的发展强调农村物流功能的整合,并形成了一个高效、畅通、可调控的流通体系,从而减少流通环节、节约流通费用,提高流通的效率和效益。

(4) 农村物流技术的信息化、自动化

网络信息技术的发展和不断普及,推动农村物流向信息化的方向发展。物流信息化是指信息技术在物流系统规划、物流经营管理、物流作业等物流活动中全面而深入的应用。自动化以信息化为基础,它能够扩大物流作业能力、提高劳动生产率、减少物流作业的差错,其表现出的效果是省力化。

(5) 农村物流组织的集约化、全球化

在物流全球化的时代背景下,大规模的生产和消费使得物流服务日趋复杂。我国农村现代物流组织应发挥其整体优势和互补优势,使整个供应链向集约化、协同化的方向发展。此外,随着全球贸易的不断发展,我国农村物流应积极面对和参与国际化的竞争,力求与国际物流标准化体系一致,实现物流设施国际化、物流技术国际化、物流服务国际化等。

2.4 本章小结

本章对我国与欧美、日本等国家和地区的农业组织形式以及农村物流两个方面进行了详细地介绍。日本的农业组织形式是农协,美国的农业组织形式是农场主合作社,而我国以家庭联产承包责任制为主。不同国家和地区的农产品流通模式、农业生产资料物流以及消费品物流都有适合各自农业组织形式的特点,最后通过分析对比,提出我国农村物流存在的问题、需要改进的方面及未来的发展趋势。

3 农村上下行物流运作模式

我国农村物流中上行物流主要是农产品物流,下行物流则包括生产资料、日用消费品物流。随着电子商务的发展,越来越多的人选择通过网络平台进行交易,而生产资料如农药、化肥、种子这类农资一般都由专门的销售渠道,如供销社,进行销售,不需要农户自己在网上购买。所以在我国农村,分散的农产品上行物流以及农民所需日用消费品的下行物流构成了电商环境下农村上、下行物流的主要部分。

3.1 农村农产品上行物流

3.1.1 农产品上行物流模式

我国农产品在传统的流通过程中,通常要经历农产品经纪人、批发商、零售终端等多层中间环节最后到达消费者手中,农产品的上行流通渠道如图 3-1 所示。

图 3-1　传统农产品上行流通渠道

随着电子商务的发展,农产品的流通渠道变得不再单一,衍生出了五种不同的农产品上行的营销模式:消费者定制模式(C2B/C2F 模式)、商家到消费者模式(B2C 模式)、商家到商家模式(B2B 模式)、农场直供模式(F2C 模式)、线上线下相融合模式(O2O 模式),如图 3-2 所示。

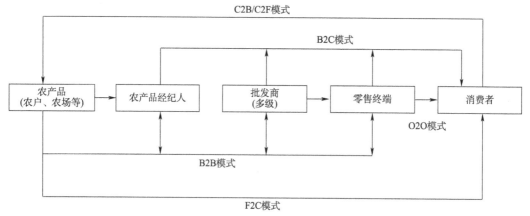

图 3-2　农产品上行营销模式

(1)C2B/C2F 模式

C2B/C2F 模式,即消费者定制模式,它是农户根据会员的订单需求生产农产品,然后通过家庭宅配的方式把自家农庄的产品配送给会员的行为。这种模式的运作流程分为四步：第一步，农户要形成规模化种植及饲养；第二步，农户要通过网络平台发布产品的供应信息招募会员；第三步，会员通过网上的会员系统提前预订今后需要的产品；最后，待产品生产出来后，农户按照预定需求配送给会员。

(2) B2C 模式

B2C 模式，即商家到消费者的模式，它是经纪人、批发商、零售商通过网上平台卖农产品给消费者或专业的垂直电商直接到农户采购，然后卖给消费者的行为。

(3) B2B 模式

B2B 模式，即商家到商家的模式，它是商家到农户或一级批发市场集中采购农产品，然后分发配送给中小农产品经销商的行为。这类模式主要是为中小农产品批发或零售商提供便利，节省其采购和运输成本。

(4) F2C 模式

F2C 模式，也叫农场直供模式，即农产品直接由农户通过网上平台卖给消费者的行为。

(5) O2O 模式

O2O 模式，也就是线上线下相融合的模式，即消费者线上下单、线下自提的模式。

电子商务与传统农产品上行渠道的结合，使得农产品上行渠道的信息流通不畅、运输成本过高等问题得到了根本改善，"快商合作"模式得到了有效应用。数据显示，2019年农村地区年收投快件量超过150亿件。全国打造出年业务量超百万件的快递服务现代农业"一地一品"项目163个。71个贫困县打造出年业务量超过10万件的快递服务现代农业项目75个，为农村电商发展和农民增收提供了强大助力。电子商务进农村的示范县项目在国家级贫困县已实现了全覆盖。

3.1.2 上行农产品种类及下行物流模式

我国农业主要分为种植业、养殖业两类，农产品上行渠道中的农产品种类如表3-1所示。

农产品分类表　　　　　　　　　表3-1

种植业	粮油	谷类（小麦、玉米）、杂粮（燕麦、粟）、油料（棉籽、菜籽）
	瓜果	仁果（苹果、梨）、核果（桃、枣）、浆果（葡萄）、坚果（核桃）、瓜类（西瓜）、复果（菠萝）
	蔬菜	根菜类（萝卜、豆薯）、茎菜类（莴笋、竹笋）、叶菜类（小白菜、大白菜）、果菜类（茄子、黄瓜）、花菜类（菜花、黄花菜）、食用菌类（香菇、木耳）
	其他	棉麻（棉花、黄麻）、中药材（杜仲、石斛）、林业产品（茶叶、毛竹）
养殖业	禽类及副产品	肉类（鸡肉、鸭肉）、蛋类（鸡蛋、鸭蛋）、皮毛（皮张、绒毛）
	畜牧及副产品	肉制品（猪肉、羊肉）、乳制品（生乳、奶制品）
	水产及副产品	鱼类（带鱼、鲅鱼）、虾蟹类（对虾、河蟹）、贝类（扇贝、鲍鱼）、藻类（海带、紫菜）
	其他	蜂产品（蜂蜜、蜂王浆）、蚕茧（蚕丝、蚕蛹）

注：括号中为农产品示例。

种植业中，粮油、瓜果及其他产品对运输车辆的功能、运输车辆的大小、产品包装条件等要求并不苛刻,而养殖业中的禽类、畜牧、水产品及其他农产品多数要求运输车辆具有冷藏功能,且对运输时效的要求也颇为严格。

我国农产品的供应商主要包括单一农户、农村合作社、家庭农场、集体农场以及农产品加工厂。消费者根据自己的需要,在网络平台下单后,农产品供应商根据订单要求,选择利于运输保存、运输时间短、运输成本低、符合农产品运输条件的车辆作为运输工具,其物流配送模式如图3-3所示。

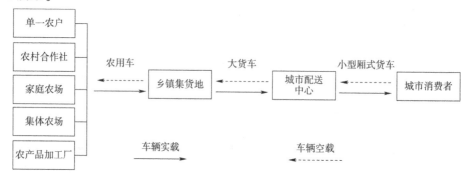

图3-3　农产品上行物流配送模式

农户、合作社、农场、农产品加工厂等在收到网络订单后,通常会选用农用车将农产品运送到乡镇取货地,当车辆返回时,农用车偶尔会顺带一些生活用品回乡。但大多数时候,车辆都是空载返回,当货物到达乡镇集货地之后,再由物流公司使用大货车运送至城市配送中心,回程多数空载返回。农产品到达城市配送中心后,再由小型厢式货车运输,将农产品等货物运送到城市消费者手中。小型厢式货车返回城市配送中心时有时会捎带消费者寄出的快递等,但大多时候是空载返回。

3.1.3　农产品上行存在的问题

现阶段,农产品上行存在的问题有农民集中配送意识差、物流成本高等。企业或个人农场、农资企业等都喜欢各自经营,缺乏合作精神。经营者们对农产品运输的认识仍然停留在生产、销售、运输上,没有意识到可以借助互联网的手段,运用电商平台的信息共享技术,对原有的生产、销售、运输等方面进行与时俱进的改造,通过改造来降低农产品的流通成本以及交易的费用等。另外,由于我国农村地区的自然地理特点,村庄位置分散,农产品的生产地区也较为分散,对于农产品的收集比较困难。除此之外,车辆回程空载情况严重,这会导致车辆有效利用率低、运输成本偏高。

3.2　农村日用消费品下行物流

3.2.1　农村日用消费品下行营销模式

在我国农村,下行物流中的农业生产资料如化肥、农药、种子一般都由农资销售店统一销售,如图3-4所示为焦作市武陟县的一家农资销售部,农民不需要自行购买,而且农资具有一定的季节性,因此农资物流不是农村物流发展过程中的痛点。在农村下行物流中,除了农资之外,城市向农村配送的商品大多是农村居民在网上购买的日用品和工业品等,统称为日用消费品。日用消费品为农村居民提供赖以生存的外部物质条件,并且其物流效率直接关系到农村居民的生活质量,因此本书中的农村下行物流主要指的是农村日用消费品的下行物流。

图3-4 武陟县浩德农资

在我国农村,传统的日用消费品下行过程中通常要经历消费品经纪人、批发商、村级供销社等多层环节,最终到达农村居民的手中,农村日用消费品下行流通渠道如图3-5所示。

图3-5 传统日用消费品下行流通渠道

电子商务与传统日用消费品下行渠道结合以后,也同样形成了B2C、B2B、F2C营销模式。日用消费品下行营销模式如图3-6所示。

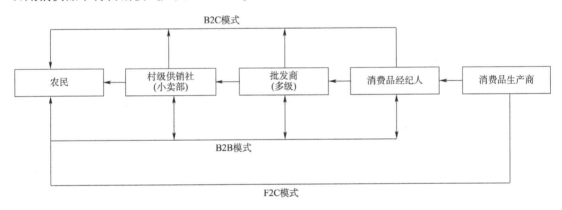

图3-6 日用消费品下行营销模式

3.2.2 农村下行日用消费品种类及下行物流模式

根据《全国重点工业产品质量监督目录(2020年版)》,我国日用消费品种类如表3-2所示。

日用消费品分类表　　　　　　　　　　　　　　表3-2

产品分类	具 体 产 品
纺织品	丝绸制品、床上用品、毛巾、亚麻制品、羊绒制品、毛皮制品等
服装、鞋、帽	浴衣、泳衣、针织服装、针织品、非针织类服装、羽绒服、衬衫、胶鞋、旅游鞋、皮鞋、拖鞋等
日用杂品	旅行箱包、卫生纸、纸巾纸、卫生巾、卫生护垫、合成洗衣粉、洗涤剂、牙刷、眼镜、凉席、除尘机等
家具	金属家具、木制家具、软体家具、钢化玻璃家具等

续上表

产品分类	具体产品
文具	学生书包、学生文具、红领巾等
娱乐健身器材	健身器材、助力车、自行车、游泳圈、救生衣、塑胶跑道等
婴幼儿用品	纸尿裤、童车、儿童玩具、安全座椅、儿童蚊香、儿童家具、儿童银饰品、儿童洗护用品、儿童服饰等
音频、视频设备	组合音响、各种广播波段的收音机、电视接收机、监视器、液晶显示器、投影机等
信息技术设备	人民币鉴别仪、微型计算机、便携式计算机、服务器、不间断电源、GPS接受器具、电源适配器等
家电和类似用途的电器	空调器、家用电冰箱和食品冷冻箱、家用洗碗机、家用消毒碗柜、电热毯、吸油烟机、电熨斗、电热水器等
数码配件	充电器、干电池、铅酸蓄电池、手机壳、手机耳机等
灯具	普通照明灯泡、LED灯、固定式灯具、可移动式灯具、道路灯具等
电信终端设备	调制解调器、移动用户终端、固定电话终端等

农村日用消费品下行运输渠道中,主要将运输物件分为大件与普通件。其中,家电中的空调、冰箱等大件产品需要特殊的大件运输工具;其他的体积小、易包装的日用消费品,则可以通过普通物流车辆实现运输。电商环境下农村日用消费品下行物流配送模式如图3-7所示。

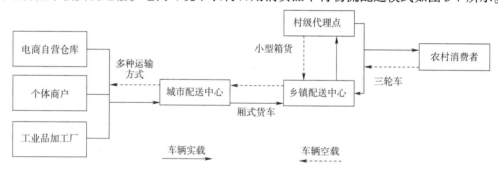

图3-7 日用消费品下行物流配送模式

对于电商环境下农村日用消费品下行物流配送模式,首先由城市的电商自营仓库、个体商户、工业品加工厂等接收到网络订单后,通过多种途径的运输将农民需要的日用消费品运送到城市配送中心,再由城市配送中心运用厢式货车发送至乡镇级别的配送中心。当货物到达乡镇级别的配送中心后,会分两个方向进行运输,一是直接送到农村消费者手中,二是将货物放到村级代理点,让农村消费者自行去村级代理点取货。在整个运输系统中,车辆在完成任务返回时多数也是空载。

3.2.3 农村日用消费品下行存在的问题

现阶段,电商环境下农村日用消费品下行渠道存在的问题主要为配送网点稀疏、配送服务质量良莠不齐等。农村地域辽阔,村落分布散乱。配送网点大多数在乡镇一级,很难覆盖到村级。乡镇物流配送企业数量繁多,覆盖面广,但由于没有相关部门对其进行监督和约束,配送服务质量良莠不齐,标准化程度不高,不可能做到对物流各环节的实时跟踪、有效控制与全程管理。部分配送商由于规模较小,为了节省成本,不能将货物及时发出;单个物流配送商由于自身覆盖能力有限,接货后会将货物转交给第四方物流公司,丢货、少货的事情时有发生,物流服务质量低下,严重影响客户体验。此外,车辆返程空载现象同样普遍存在。

3.3 农村上下行物流

3.3.1 农村上下行物流运作模式

通过对电商环境下农产品上行物流与日用消费品下行物流的营销模式的对比,发现电商环境下农产品上行与日用消费品下行都具有 B2C、B2B、F2C 的营销模式。鉴于目前农村上行物流与下行物流中存在的车辆空载率高的问题,本书提出在配送车辆下行的过程中,同时将需要上行的不需要冷链或特殊存放要求的农产品进行集货,从而提高返程车辆利用率,进而提高农产品上行效率,节省运输成本。而易腐烂变质的农产品需要专门的冷链运输车辆进行集货或者从产地直接运至城市,对运输条件要求较高,因此运输模式优化空间不大,所以本书暂不予介绍。基于以上前提,本书将电商环境下农产品上行物流与日用消费品下行物流整合成农村上下行物流同时进行的新型物流运作模式,简称电商环境下农村上下行物流运作模式(Rural Up and Down Logistics in E-commerce Environment,RUDLEE),如图 3-8 所示。

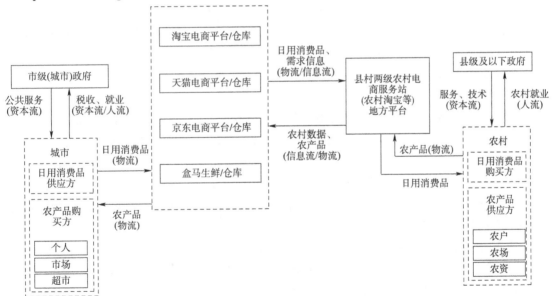

图 3-8 农村上下行物流运作模式示意图

图 3-8 中的基础设施是电商巨头的仓库以及电子商务交易平台。在农产品上行过程中,农户、农场、农村经济体等联合起来,形成农产品的供应方。地方电商(例如农村淘宝等电商平台)先对农产品的信息数据进行整理和汇总,再将整理好的农产品数据共享给覆盖面更广的电商平台(例如淘宝、天猫、京东、盒马生鲜等)。城市的消费者通过电商平台看到农产品信息,选择自己心仪的产品后下单,由电商仓库或产地发货,物流运输由与电商平台合作的第三

方物流企业来执行。日用消费品的下行渠道中,农村居民通过电商平台下单购买日用消费品,日用品供应方接收到订单信息后,同样由电商仓库货产地发货,物流交由第三方物流企业执行。其中,与电商平台合作的物流企业,在运输过程中可以同时将上行的农产品与下行的日用消费品进行整合运输,减少车辆空载率,提高农产品上行的运输效率,节约运输成本。本书提出的农村上下行物流整合的运作模式在理论上是可行的,能够带来较大的社会效益,然而推广应用需要政府的参与和指导。具体地说,县级及以下政府可以对农村的农产品供应方提供技术支持与政策优惠,技术支持体现在派专业人员指导农民进行农产品种植、流通加工,政策优惠主要是对农产品收购、运输方面进行一定的补贴。电商环境下上下行物流运作模式最终目的是希望通过物流运输模式的改善,在政府的扶持下,最终实现农村物流的良性运行,促进农村经济的发展,提高农民生活水平。

对比于现阶段电商环境下农村上、下行物流单独配送的现状,RUDLEE 模式的优点主要集中在以下三个方面。

3.3.1.1 集成需求,降低成本

由于农村独特的地理环境、落后的经济等因素影响,困扰其电商发展的最主要问题是物流成本较高。而新型的农村上下行物流模式可以协调政府和企业等各方之间的资源,整合农村的取、送货需求,使农村物流逐渐走向规模化、集约化、专业化,进而降低农村电商的物流成本。具体体现在:

(1)货物上下行整合运输,减少车辆空载现象,提高物流效率

在农村上下行的物流模式中,日用消费品和农产品利用电商巨头、企业或个别企业的物流系统来运输,有利于将一个地区原有的独立配送商品汇总到一起共同配送,这很大程度地降低了企业的运营成本。而且大型的电商企业都会有更加专业化的配送标准,不仅可以降低成本,还提高了配送的服务质量。

新模式不仅降低了运营成本,还降低了其运输成本。当物流车辆下行至农村时,运输的是农户网上购买的各类日用消费品,车辆配送完毕回程运输的是农户在电商平台上卖出的特色农产品。车辆在形成闭合运输环路的同时完成了日用消费品的下行配送以及农产品的上行集货。这种新模式解决了运输车辆回程利用率低的问题,大大减少车辆空驶里程,降低了运输成本。与此同时,农村农产品得以及时运出去,提高了运输效率,减少了农产品的变质腐烂,使得上行渠道变得更加通畅。

(2)政府制定优惠政策,促进农村经济良性循环

各地政府为加快"互联网+"战略的实施,落实"促进农村电子商务加快发展"的政策,同电商企业签订互利互惠的合作协议,共同推动电子商务下乡。

政府对电商企业制定的优惠政策一般有:电商企业可以在规定区域内建设村级代理点和乡镇配送中心,在政策期内由地方政府提供场地或补贴租金,电商企业对村至县的物流设施升级改造。这将大大降低电商企业的农村物流成本,农户不再担心物流成本高,更加落实了农户"消费者"与"生产者"的双重身份。广大农户通过在电商平台销售农产品来增加收入,进一步提高了他们对于生活必需品和用于生产运作的工业制成品的消费水平,改善了农户的生活。而用于生产运作的高质量工业制成品又会使农产品向优质优价方向发展,最终促使农村经济

形成良性循环。

3.3.1.2 畅通信息,提高效率

电商环境下农村上下行的物流模式是在一个包括配送人员和车辆的电商平台上运行,即从城市、乡镇配送中心再到各个村级代理点,其中所有环节都由电商企业统一管理,农户农产品的商品采购、在线交易、复核结算也共用一个电子商务系统。应用这种新模式会从以下三个方面提高物流效率:一是所有信息共享,企业能够实时跟踪货物的状态和位置,统一调拨配送人员和车辆,灵活管控,快速流动,节省时间;二是电商企业的物流信息化水平提高,在物流作业中引入条码(射频、语音)自动识别系统、自动分拣(存取)系统、货物跟踪系统等技术,这些先进技术的使用可减少作业时间,还可以降低作业的失误率;三是各地农户的"网销农产品"和"网购商品"的订单信息都可以通过同一信息平台随时传输到配送管理系统中,再由系统根据区域划分制定统一配送计划,运输车辆完成配送后便可将农产品装载并驶往下一区域,无须额外花费时间和精力等待回程货源。

3.3.1.3 配备人才,促进就业

纵观整个农村电商物流体系,最不容易配备的是代理点的工作人员。村级代理点是农村电商物流服务的终端,通常配备网络、电脑、储物柜、展示架和宣传栏等。代理点可以为农村居民提供代购商品、代销农产品和代收发快递等便民服务。这就要求代理点的工作人员具有相关的专业技能,然而现阶段农村"空心化"现象普遍存在,人才外流,配齐有专业素养的人才并非易事。

为解决农村配送点工作人才紧缺的问题,新模式提供两个方法:一是电商企业鼓励快递员回乡创业发展,他们对企业的物流体系有一定了解,有助于在农村开设加盟网点,而且电商企业还会给加盟网点提供一部分现金补贴和优惠政策帮助其创业;二是地方政府牵头招聘代理点工作人员,由电商企业统一进行上岗前的管理培训(结合电商扶贫政策,解决农村留守妇女和残疾人员等的就业问题)。电商企业通过对代理点加盟商、农村创业青年和电商从业人员、农民组织论坛讲座、开设电商培训班等方式来进行相应培训,地方政府针对开展情况给予一定的培训补助。后期由电商企业和政府选出出类拔萃的电商模范,带动更多人才参与到电子商务相关工作中去。

3.3.2 农村上下行物流配送流程

根据电商环境下农村上下行物流运作模式的特点,结合平台不同用户的需求和信息系统的功能,设计出电商环境下农村上下行物流配送流程,如图3-9所示,电商平台对农村上下行物流的所有模块进行统一管理,步骤如下:

(1)首先农户、农场、合作社和日用消费品供应方分别通过电子商务系统接收到农产品订单和日用消费品的订单,根据订单信息,农户、农场和合作社积极地安排货物和配送车辆,将农产品送达农村服务站,日用消费品供应方将消费品送至城市配送中心。

(2)电子商务平台将订单信息传递给合作的第三方物流企业,第三方物流企业对农村服务站与城市配送中心需要装载的货物和车辆配送路线进行统一管理,根据订单信息和配送点的分布情况,安排相应的配送计划,具体如下:

①根据下一级配送点的分布情况,先根据共同配送模式,对配送点进行聚类。
②对农产品的种类、农产品的特性以及日用消费品的种类、特性进行区分,安排相应的车辆进行运输。
③根据车辆的载重情况和配送点的取(送)货需要确定车辆的最优运输顺序。

(3)派出的车辆在配送中心装载好需要配送的日用消费品,先到县级或村级配送点卸载货物,再将农产品装载到车辆上。

(4)最后,车辆将装载的农产品运回城市,送到城市消费者手中,完成配送流程。

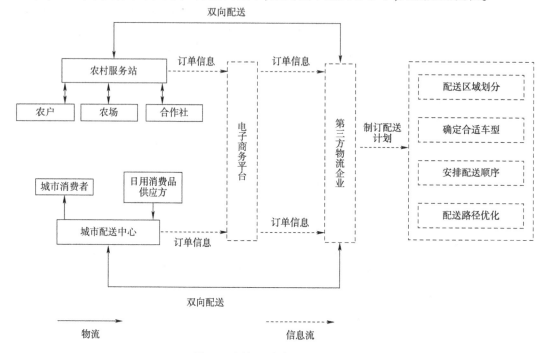

图3-9 农村上下行物流配送流程图

3.4 农村上下行物流配送路径优化

综上所述,电商环境下农村上下行物流的配送模式要比单一方向的物流配送模式复杂。不仅要考虑将多个配送中心整合成一个配送中心,采用共同配送的模式,还必须考虑满足配送点送货和取货的需求。

共同配送就是打破物流公司各自组织配送活动的局限,将物流公司组织起来达成联盟,共享资源、协同配送,实现配送作业的规模化、效率化,提高企业资金、技术和人员的利用率。共同配送的核心是跨越传统单一配送在不同生产制造商、货品种类与经销企业等各方的差异化限制,寻找利益契合点,通过适当主体统一聚集货物后对货物进行统筹安排运输,提高物流资源利用效率,进而降低成本、优化路径,并起到绿色节能环保的作用。

电商环境下农村上下行物流运作模式中的配送点不仅具有送货与取货需求,而且现实情况中配送点两种需求的总量可能出现超过车辆载重限制的现象,因此需要对配送点的需求进行拆分。显然集送货需求可拆分的车辆路径(VRP with Split Deliveries and Pickups,SVRPPD)更符合电商环境下农村上下行物流的配送模式,文献[42]中证明 SVRPPD 车辆路径问题,在面对配送点集群大、配送点送取需求量大时,可以有效地降低运输成本,甚至减少所需要的车辆数。

3.5 本章小结

本章首先对电商环境下农产品上行物流和日用消费品下行物流各自的营销模式、运输物资的种类与物流配送模式进行梳理。在此基础上,提出在电商环境下,把农产品上行物流和日用消费品下行物流整合成电商环境下农村上下行物流运作模式(RUDLEE),并设计电商环境下农村上下行物流配送流程,明确农村上下行物流路径优化需要考虑的关键问题,为后文构建农村上下行物流车辆路径优化模型打下基础。

4 农村物流网络节点选址

4.1 选址的重要性

物流配送中心在整个物流系统中起着承上启下的关键作用,是货物从接收地到发送地之间的中间桥梁。物流中心的位置是否能够正确建立是建立物流网络配送体系的关键一步,它常常决定了整个货物输送网络的整体结构和服务水平,从而对整个系统的配送功能产生一定的影响,物流配送中心位置的选择是物流配送网络系统优化的战略性问题。物流配送中心的合理选址,可以帮助物流企业在配送过程中节约运输成本,提高企业的服务效率和质量,扩大物流服务的影响力及业务覆盖面积,增加用户的满意程度,提升市场占有率。

4.2 选址的影响因素

(1)自然环境因素

由于共同配送中心是连接发货点与收货点的中间地带,需要具备一定的存储空间,并且需要预留足够的场地供车辆周转。选址建设配送中心时,应选择地势较为平坦、土壤承受能力较强以及具有一定空间的地方。同时,由于建设需要耗费大量人力、物力,一经选定不会轻易变动,因此还应考察选址附近的地形地势情况,远离容易发生水涝灾害或者其他自然灾害的区域。

(2)成本因素

运输成本是物流费用中极为重要的一部分,因此建设配送中心应把降低运输成本作为一个重要条件。配送中心的选址应该考虑到物流服务的便捷性,保证配送网点覆盖率,使得配送服务能够在一定时间内高效地完成。

(3)其他因素

除上述影响因素之外,人口分布密度、国土资源的利用、自然和人文环境保护、道路交通环境、公共基础设施和资源配备等因素均会对选址产生一定的影响。

4.3 武陟县农村共享物流网络体系建设

自交通运输部一系列的文件下发以来,焦作市交通部门积极响应,准备围绕着"四好农村路"的"运营好"做好农村物流网络建设工作,并以武陟县作为试点,拟对既有县级物流中心、乡镇客运站、交管站、公路养护站等站场设施进行改造升级,使其成为集停车装卸、仓储配送、流通加工、电商快递、客货运输等功能于一体的县乡物流综合服务站,并基于这些物流节点,逐步搭建农村物流网络。

4.3.1 交通条件

武陟县县辖4个镇、7个乡,县域面积805平方公里,人口75万人。境内有两条铁路(京广铁路、郑焦轻轨)、三条高速公路(长济高速公路、郑焦高速公路和武西高速公路)和两条省道(郑常公路、新洛公路)在县城交会。郑晋、济东、郑云高速公路贯穿城区,郑常、新洛两条省道交会于县城,有两座黄河浮桥以及焦作黄河大桥与郑州相连。县城距郑州市区35公里,到郑州国际机场仅需40分钟,交通条件便利。

4.3.2 现有客运班线及闲置场站情况

武陟县现有县级客运站2个,县级物流中心1个;乡、镇交管站(客运站)8个,港湾站37个,现有城乡客运班线13条,城乡客车91辆;辐射15个乡(镇、办事处)347个村。武陟县有公路养护站道班5个,农村公路总里程为1340公里,国、省干道总里程为143公里。随着时代的发展以及机构的改革,以前建设的乡镇客运站、交管站、道班等基础设施等闲置无用,产生不了任何效益。鉴于此,可对现有的乡、镇客运站、交管站、道班等闲置资源进行整合,对既有乡镇客运站、交管站、公路养护站等站场设施进行改造升级,使其成为集停车装卸、仓储配送、流通加工、电商快递等功能于一体的乡镇物流综合服务站。另外,可对现有城乡客运班线客车的空余座位实现客货混装,充分挖掘城乡客运班线的运输潜能。对这些资产进行整合,能够使沉淀的激活、分散的集中、无形的资产变成有形的收益。图4-1为武陟县小董乡农村公路养护站。

图4-1 武陟县小董乡农村公路养护站

4.3.3 农村经济体

近年,武陟县乡镇传统特色经济发展迅速,由过去小作坊式的生产模式发展成为中、小型企业,甚至是大型企业,比如:西陶镇和大封镇十大怀药基地,大封镇的电线电缆、屠宰业;北郭乡水果、蔬菜种植;小董乡的食用菌种植、水果罐头、芝麻糖;大虹桥乡的杂粮基地和养殖业;詹店镇的稻米种植和水产养殖等。尤其是对四大怀药的深加工,衍生出很多产品。这些产品都需要电商、农村物流、快递业的支撑。因此,构建一个方便高效的快递物流服务网络已经迫在眉睫。

4.3.4 农村上下行物流现状

随着电子商务的发展,网购逐渐成为人们日常消费的主要渠道。用手机电脑网购的群体大多集中在50岁以下农村人口当中,而由于劳务输出的原因,农村青壮年人口逐渐变少。实际上,在村一级别的行政单位里,农民只能在小卖店还有一些小型的超市买一些日常消费品。虽然随着国家颁布的各项政策的实施,农民的生活条件得到了一些改善,但物流配送网点大多只达到乡镇级别,村级物流网点覆盖率低,相较于城市还有很大差距。另外,就农产品上行而言,由于一些农户缺乏上网技能和便捷的物流服务,农户自家养殖、种植或小作坊生产的农副产品无法及时上行到城镇消费者手中。武陟县现有农村经济体生产的农产品,大多是采用各自通过专线整车运输的方式运送到县城或者城市,乡镇级别物流网点基本不具备流通加工、包装等功能,物流活动集约化程度不高。

因此,有必要对乡镇网点合理规划选址、布局设计,保证二级节点的覆盖率,使其具备一定的停车装卸、仓储配送、流通加工、电商快递、客货运输等功能,提高上行农产品及下行日用消费品的物流运输效率,并进一步利用行政村内的农家店、综合服务社、村邮网点等,建设农村三级物流服务点,完善末端物流网络,提升农村物流"最后一公里"服务体验,改善农民的生活水平,提高农民收入。

4.3.5 备选场站及产业分布

拟建设的武陟县级物流中心祥和物流园目前主要从事客运站、货运站(场)经营、仓储服务、货物装卸、包管、配载和站场建设工作,拥有大型的综合物流园区,占地面积约为50000平方米。园区集客运、货运、信息交易、仓储配送、流通加工、保险结算、商务等各项物流服务功能为一体,为各工商企业、物流企业发展提供专业高效的服务和支持。目前完成了一期工程客运总站和二期工程货运中心的建设,可满足目前武陟城区内物流、快递企业生产经营以及县内生产企业的货物存放需求。目前已有联盟、百世、创新、豫鑫、诚信、中博、金象、泰浦等40余家中、小物流公司及相关企业签订合同入驻园区。祥和物流园可以通过改造作为武陟县农村物流网络的县级物流中心。通过实地调研,本书作者了解到武陟县在各个乡存在一些闲置的乡镇客运站、交管站、公路养护站等站场11处,四大怀药主产区及加工区4处,稻米、渔业水产区3处,水果、蔬菜、杂果产业区及食用菌种植等特色产业区4处。

4.3.6 三级物流网络设计思路

根据表1-1中国家对建设农村三级物流网络的相关文件精神,绘制出武陟县三级物流网络建设实施方案,如图4-2所示。由于县级物流中心拟将祥和物流园进行改造,村级物流网点应做到全覆盖,所以选址归结为对乡镇物流中心二级节点的选址。县乡物流中心应对其进行改造,使其具备停车装卸、仓储配送、流通加工、电商快递、邮政寄递、金融保险等综合服务功能。村级物流综合服务中心应利用行政村内的农家店、综合服务社、村邮网点等,建设改造成村级农村物流服务点,完善末端物流网络。最终将农村物流三级网络建设成为"一点多能、一网多用、多站合一"的高效网络。

4.3.7 农村物流网络节点选址需求分析

三级物流网络节点指的是县、乡、村三级节点。在县一级行政区中,往往存在一个或多个衔接城市和农村的县级物流节点,是乡镇二级物流节点的上游节点。二级物流节点一般设置在乡镇一级行政区中,是用来衔接县一级和村一级的物流节点。村级行政区的物流节点是三级节点,一般为邮政网点、农村物流综合服务站等。武陟县已有一级节点,三级节点是村级单位,由于范围较小,选址问题不需要考虑,所以乡镇级行政区的二级节点的选址是关键。

4 农村物流网络节点选址

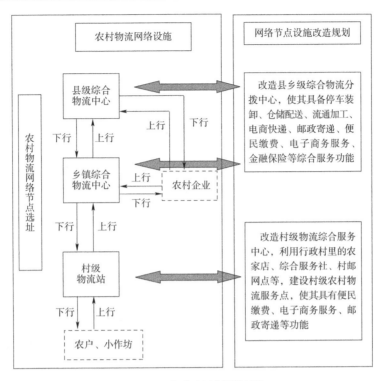

图 4-2 三级物流网络设计思路

武陟县的闲置交通场站分布在各个乡镇,如果能够加以整合利用纳入物流网络二级节点当中,将它们变废为宝,可以省去重新建设物流设施的费用,这样的做法是在有限资金的条件下,构建农村物流网络的一种探索,也是交通部门希望采取的一种网络节点建设模式。对于物流企业,一直以来农村地区"最初一公里"及"最后一公里"的问题是困扰它们的主要问题,存在快递进村的比例偏低、偏远地区快递不通等情况。所以需要选择共享型物流运作模式,通过设施共享、信息共享、车辆共享、人员共享等措施,将物流资源进行整合,实施共同配送,降低物流企业的运营成本,使得物流企业的服务遍布农村地区每一个角落,从而治愈农村物流的顽疾。由此看来,武陟县农村物流网络二级节点的选址,是一项由政府主导、企业参与的"惠民工程",而政府需求代表着农民的利益,根据政府牵头、企业参与的前提,选址过程中政府需要考虑用户满意度以及场站设施改造成本,希望能够用最少的资金建设高效的农村物流网络,企业需要通过共同配送实现物流运输成本最小化。因此,可以建立以用户满意度和改造成本为上层规划目标、以企业利润为下层规划目标的双层规划选址模型,设计相对应的优化算法,通过程序实现,最终获得网络节点选址方案。

4.4 双层规划简介

4.4.1 双层规划的由来

层次性是系统的六大特征之一。随着社会不断发展,实际问题规模越来越大,结构越来越复杂,进行决策的人也越来越多,而且这些决策者各自处于不同的层次。一般来说,高一级决策机构(者)对下一级决策机构(者)行使某种控制、引导权,而下一级决策机构(者)在这一前提下,亦可以在其管理职责范围内行使一定的决策权,但这种决策权处于从属地位。另外,在这种多层次决策系统中,每一级都有自身的目标函数。高层机构的决策目标重要、权威、具有全局性,其最终决策结果往往是寻求使各层决策机构之间达到某种协调的具体方案。也就是说既可使最高层决策机构的目标达到"最优",也可使作为上级决策"约束"的较低层决策机构的目标在从属位置上相应达到"最优"。一般称具有以上基本特征的决策问题为主从递阶决策问题。主从递阶决策问题最初是由 Von Stackelberg 于 1952 年在研究市场经济问题时提出的。因此,此问题有时候也称为 Stackelberg 问题,是一个对策论问题,决策者有上下层关系和不同目标,但策略集通常是彼此分离的。20 世纪 60 年代,Dantzig 和 Wolfe 提出了大规模线性规划的分解算法,相当于承认有一个核心决策者,他的目标高于一切,其他各层次的决策者实现自己的目标只不过是为实现核心决策者的目标的一种分工。20 世纪 70 年代发展起来的多目标规划通常是寻求一个决策者的互相矛盾的多个目标的折衷解,有些技术,如分层优化,也可用来求层次问题,但下层决策不影响上层,可以逐层独立求解。

很多决策问题由多个具有层次性的决策者组成,这些决策者具有相对的独立性,即上层决策只是通过自己的决策去指导下层决策者,不直接干涉下层的决策;而下层决策者只需要把上层的决策作为参数或约束,他可以在自己的可能范围内自由决策。如果组成这种上、下层关系不止一个时,这样的系统为多层决策系统。多层规划是解决多层决策系统的规划与管理(控制)问题。多层规划强调上层决策对下层决策的主从关系,同时也注意到下层决策对上层目标的影响,因此多层规划问题通常不能逐层独立求解。20 世纪 70 年代以来,人们在各种现实的层次分散系统优化决策问题的研究中,开始寻找各种特定的方法解决这些问题,逐渐形成了多层规划问题的概念和解决方法,如 Cassidy(1971)的政府政策效力分析、Kyland(1975)的经济层次分析、Bracken(1973—1977)等的战备武器配置研究、Candler 和 Norton(1977)的奶制品工业模型和墨西哥农业模型等。多层规划(Multilevel Programming)一词就是 Candler 和 Norton 在其论文中提出的,它的原意是一组嵌套着的数学规划问题,即在约束条件中含有优化问题的数学规划。自 20 世纪 80 年代至今,多层规划的数学模型更加明确和形式化了,国内外学者也发表了许多有意义的成果。多层规划的理论、方法及应用都有很大发展,正在逐渐形成一个新的运筹学分支。目前,很多国家对多层规划的研究都非常重视,把它列为科学基金资助项目,并取得了巨大成功。最为常见且得到广泛研究与应用的多层规划是双层规划(Bilevel Programming, BP)问题,即考虑只有两层决策者的情形。这是因为现实的决策系统大都可以看成双层决策,例如中央和地方、公司和子公司、工厂的厂部和车间、高校的校部和院所等。实际上任何多层决策系统都是一系列双层决策系统的复合。当只有一个上、下层关系时,这样的决策问题通常称为双层规划问题。由此可见,双层规划问题虽然是多层决策系统的特殊形式,但它是最基本的形式。

4.4.2 双层规划决策问题

双层规划是解决双层决策问题的数学模型,它是一种具有双层递阶结构的系统优化问题,上下层问题都有各自的目标函数和约束条件。上层问题的目标函数和约束条件不仅与上层决策变量有关,而且还依赖于下层问题的最优解,而下层问题的最优解又受上层决策变量的影响。

双层规划的意义在于:可以同时考虑全局和个体双方的利益,并保证首先从全局出发,体现了顾全大局、先集体后个人的思想。其目标是做到"既不舍小家,又能顾大家"。它可以很好地解决许多实际问题。

双层规划决策过程是:上层给下层一定的信息,下层在这些信息下,按自己的利益或偏好做出反应(决策),上层再根据这些反应,做出符合全局利益的决策,如图4-3所示。

如果每个决策者都按规定的指标函数在其可能范围内做出决策,那么,双层决策系统可能描述为双层规划问题。如果每个决策者的指标函数由单个函数组成,这样的双层规划为双层单目标规划问题。如果有的决策者的指标函数是一组函数,这样的双层规划问题为双层多目标规划问题。

双层规划问题一般具有如下几大特点:

①层次性。系统分层管理,下层服从上层,但下层有相对的自主权。

②独立性。各层决策者各自控制一部分决策变量,以优化各自的目标。

③冲突性。各层决策者有各自不同的目标,且这些目标往往是相互矛盾的。

图4-3 上、下层决策关系

④优先性。上层决策者优先做出决策,下层决策者在优化自己的目标而选择策略时,不能改变上层的决策。

⑤自主性。上层的决策可能影响下层的行为,因而部分地影响下层目标的实现,但上层不能完全控制下层的选择行为,在上层决策允许范围内,下层有自主决策权。

⑥制约性。下层的决策不但决定着自身目标的实现,而且也影响上层目标的实现,因此上层在选择策略优化自己的目标时,必须考虑到下层可能采取的策略对自己的不利影响。

⑦依赖性。各层决策者的容许策略集通常是不可分离的,形成一个相关联的整体。

4.4.3 双层规划基本形式

一般来说,双层规划(BP)模型具有如下形式:

(U) $\min\limits_{x} F(x,y)$,其中 $y = y(x)$

s.t. $G(x,y) \leq 0$

(L) $\min\limits_{y} f(x,y)$

s.t. $g(x,y) \leq 0$

上层决策者通过设置 x 的值影响下层决策者。下层决策变量 y 由下述规划求得,是上层决策变量的函数,即 $y=y(x)$,这个函数一般被称为反应函数。

与一般的数学规划不同,即使 F、f、G 和 g 都是连续函数,并且上下层的约束集合是有界闭的,BP问题也可能没有最优解。假设上层选择了点 $\bar{x}$,那么下层面临的是以 $\bar{x}$ 为参数的简单最小值最优化问题。在有些情况下,对固定的 $\bar{x}$,下层对应的最优问题可能包含不止一个最优解。如:如果所有的函数都是线性的,很可能当 $x=\bar{x}$ 时,固定的下层问题的所有最优解组成一个集合 $y(\bar{x})$,这意味着 $y(\bar{x})$ 中的任何一点对下层是无差别的,但对上层的目标函数可能会有差别。上层

最优解可能只在 $y(\bar{x})$ 中某个特定点上达到,但是没有办法使下层更愿意选择该点。双层规划可以分为:

(1)线性双层规划:所有目标函数和约束全为线性函数。

(2)非线性双层规划:上下层目标函数和约束中至少有一个非线性函数。

(3)整数线性双层规划、整数非线性双层规划等。

4.4.4 双层规划相关定义

记 BP 的约束域为 $S=\{(x,y):G(x,y)\leq 0,g(x,y)\leq 0,x\geq 0,y\geq 0\}$,$S$ 在上层决策空间上的投影为 $T=\{x:(x,y)\in S\}$。

(1)定义1:对每个固定的 $x\in T$,称 $S(x)=\{y:(x,y)\in S\}$ 为下层问题的可行解集合,$P(x)=\{y:y\in \arg\min\{f(x,y):y\in S(x)\}\}$ 为下层问题的合理反应集。

(2)定义2:称 $IR=\{(x,y)\in S:y\in P(x)\}$ 为 BP 的可行解集合或诱导域。

(3)定义3:如果存在 $(x^*,y^*)\in IR$,对任意 $(x,y)\in IR$ 的满足 $F(x^*,y^*)\leq F(x,y)$,称 (x^*,y^*) 是 BP 的全局最优解或最优解。

4.5 武陟县农村物流网络节点选址改造

4.5.1 场站及产业分布

由图 4-2 可知,目前武陟县共有 1 个县级物流中心、4 个怀药生产加工区、4 个稻米水产区、4 个特色果蔬种植产业区、11 个闲置的交通运输部门的乡镇场站。这些区域、场站与行政区的对应关系如表 4-1 所示。

武陟县行政区与对应功能　　表 4-1

行政区	功　　能	行政区	功　　能
武陟县	物流中心、一级节点	索余会村	特色果蔬种植产业区、三级节点
大虹桥乡	怀药生产加工区、乡镇场站、二级节点	小董乡	特色果蔬种植产业区、乡镇场站、二级节点
西陶镇	怀药生产加工区、乡镇场站、二级节点	三阳乡	乡镇场站、二级节点
孟门村	怀药生产加工区、三级节点	郭下村	乡镇场站、三级节点
东安村	怀药生产加工区、三级节点	邢庄村	乡镇场站、三级节点
炉里村	稻米水产区、三级节点	宋陵村	乡镇场站、三级节点
小原村	稻米水产区、三级节点	白庙村	乡镇场站、三级节点
乔庙镇	稻米水产区、二级节点	小许庄村	乡镇场站、三级节点
詹店镇	稻米水产区、二级节点	陈堤村	乡镇场站、三级节点
土城村	特色果蔬种植产业区、三级节点	贾作村	乡镇场站、三级节点
八里岗村	特色果蔬种植产业区、三级节点		

三级节点位于各村，由于村的范围较小，所以不必进行选址，一级节点备选点只有一个，也不需要选址。所以我们着重从备选点中对乡镇二级节点进行选址。

4.5.2 运输货物的种类及相应要求

武陟县的农村物流网络中需要运输的货物种类及相应运输要求如表4-2所示。

货物的种类及运输要求　　　　　　　　　　表4-2

货物种类	运输要求	货物种类	运输要求
普通快递	约定时间内送达	水产	需要特殊仓储环境（冷藏）
药材	需要特殊仓储环境（干燥）	果蔬	需要特殊仓储环境（冷藏）
稻米	需要特殊仓储环境（干燥）		

根据表4-2中的运输要求，可以把货物分为普通货物与需要特殊仓储环境的货物。需要特殊仓储环境的货物，其所配备的运输车辆为加装特殊设备的普通货运车辆，容量与普通货运车辆相同。

4.5.3 模型假设与建立

以企业政府合作的配送中心建设项目为例，政府追求满意度最高和改造成本最小，企业追求利润最大，先做出如下假设：

(1) 政府提供二级节点的改造成本，并且改造成本的预算已知。
(2) 二级节点能提供的车辆数量、容量充足，且油耗、运费和装卸费用已知。
(3) 任意两点的距离已知。
(4) 车辆匀速行驶且行驶速度已知。
(5) 需求点的需求量已知。
(6) 一个需求点最多拥有包含普通货物在内的两种类型的货物需求。
(7) 二级节点备选点拥有多种货物的仓储场所。

如果二级节点备选点拥有包含普通货物和特殊货物在内的仓储场所，则改造成本按照特殊货物仓储场所的改造成本进行计算。

定义以下符号与变量：

X_i：备选点集合（$i=1,2,\cdots,n$）；
Y_j：需求点集合（$j=1,2,\cdots,m$）；
d_{ij}：备选点 i 到需求点 j 的距离；
t_{ij}：备选点 i 到需求点 j 的时间；
v：车辆行驶速度；
$S(t_{ij})$：满意度函数；
L_j：需求点 j 对服务感到非常满意的最长等待时间；
U_j：需求点 j 对服务感到非常不满意的最短等待时间；
d_i：备选点 i 到县级物流中心的距离；

B_i：备选点 i 的改造成本函数；

θ_i：备选点 i 改造成冷链配送中心的成本（$i=1,2,\cdots,n$）；

σ_i：备选点 i 改造成干燥配送中心的成本（$i=1,2,\cdots,n$）；

ω_i：备选点 i 改造成普通配送中心的成本（$i=1,2,\cdots,n$）；

w_{Nj}：需求点 j 所需求普通货物的重量（$j=1,2,\cdots,m$）；

w_{Aj}：需求点 j 所需求冷藏货物的重量（$j=1,2,\cdots,m$）；

w_{Cj}：需求点 j 所需求干燥货物的重量（$j=1,2,\cdots,m$）；

c_N：普通货物单位载重运输的收费标准；

c_A：冷藏货物单位载重运输的收费标准；

c_C：干燥货物单位载重运输的收费标准；

o：单位距离下单位载重的油耗费用；

r：备选点的运营成本；

w：备选点的装卸成本；

W：单位重量货物的装卸收费标准。

$$x_i = \begin{cases} 1 & \text{选择备选点 } i \\ 0 & \text{不选择备选点 } i \end{cases};$$

$$c_i = \begin{cases} 1 & \text{备选点 } i \text{ 具备冷藏功能} \\ 0 & \text{否则} \end{cases};$$

$$a_i = \begin{cases} 1 & \text{备选点 } i \text{ 拥有干燥仓储场所} \\ 0 & \text{否则} \end{cases};$$

$$n_i = \begin{cases} 1 & \text{备选点 } i \text{ 拥有普通仓储场所} \\ 0 & \text{否则} \end{cases};$$

$$m_{ij} = \begin{cases} 1 & \text{备选点 } i \text{ 拥有的场所类型与需求点 } j \text{ 的需求匹配} \\ 0 & \text{否则} \end{cases};$$

$$y_{ij} = \begin{cases} 1 & \text{备选点 } i \text{ 对需求点 } j \text{ 提供服务} \\ 0 & \text{否则} \end{cases};$$

$$A_j = \begin{cases} 1 & \text{需求点 } j \text{ 运输货物为需要冷藏环境的货物} \\ 0 & \text{否则} \end{cases};$$

$$C_j = \begin{cases} 1 & \text{需求点 } j \text{ 运输货物为需要干燥环境的货物} \\ 0 & \text{否则} \end{cases};$$

$$N_j = \begin{cases} 1 & \text{需求点 } j \text{ 运输货物为普通货物} \\ 0 & \text{否则} \end{cases}。$$

时间满意度函数表达式如下：

$$S(t_{ij}) = \begin{cases} 1, & t_{ij} < L_j \\ \dfrac{U_j - t_{ij}}{U_j - L_j}, & t_{ij} \in [L_j, U_j] \\ 0, & t_{ij} > U_j \end{cases} \tag{4-1}$$

时间与距离的关系如下：

$$t_{ij} = \frac{d_{ij}}{v} \tag{4-2}$$

改造成本函数的表达式如下：

$$B_i = \begin{cases} \omega_i, n_i = 1, & a_i + c_i = 0 \\ \sigma_i, & a_i = 1 \\ \theta_i, & c_i = 1 \end{cases} \tag{4-3}$$

则双层规划模型的一般表达式如下：

$$\max_{x_i, c_i, a_i, n_i} F = \sum_{i=1}^{n} \sum_{j=1}^{m} x_i \cdot (c_i + a_i + n_i) \cdot m_{ij} \cdot y_{ij} \cdot S(t_{ij}) - \sum_{i=1}^{n} x_i \cdot B_i \tag{4-4}$$

$$\text{s.t.} \quad \sum_{i=1}^{n} x_i \geq 1 \tag{4-5}$$

$$1 \leq c_i + a_i + n_i \leq 3 \tag{4-6}$$

$$\max_{m_{ij}, y_{ij}} f = \sum_{i=1}^{n} \sum_{j=1}^{m} (N_j \cdot w_{Nj} \cdot x_i \cdot n_i \cdot y_{ij} \cdot c_N + A_j \cdot w_{Aj} \cdot x_i \cdot a_i \cdot y_{ij} \cdot c_A + C_j \cdot w_{Cj} \cdot x_i \cdot c_i \cdot y_{ij} \cdot c_C) +$$
$$\sum_{i=1}^{n} \sum_{j=1}^{m} [W \cdot (N_j \cdot w_{Nj} + A_j \cdot w_{Aj} + C_j \cdot w_{Cj}) \cdot x_i \cdot y_{ij}] -$$
$$\sum_{i=1}^{n} \sum_{j=1}^{m} [(N_j \cdot w_{Nj} + A_j \cdot w_{Aj} + C_j \cdot w_{Cj}) \cdot x_i \cdot (c_i + a_i + n_i] \cdot m_{ij} \cdot y_{ij} \cdot d_{ij} \cdot o) -$$
$$\sum_{i=1}^{n} \sum_{j=1}^{m} [x_i \cdot y_{ij} \cdot d_i \cdot (N_j \cdot w_{Nj} + A_j \cdot w_{Aj} + C_j \cdot w_{Cj}) \cdot o] - \sum_{i=1}^{n} (x_i \cdot r) -$$
$$\sum_{i=1}^{n} \sum_{j=1}^{m} (x_i \cdot y_{ij} \cdot w)$$

$$\tag{4-7}$$

$$\text{s.t.} \quad 1 \leq N_j + A_j + C_j \leq 2 \tag{4-8}$$

$$0 \leq A_j + C_j \leq 1 \tag{4-9}$$

$$m_{ij} \geq y_{ij} \tag{4-10}$$

$$x_i \geq y_{ij} \tag{4-11}$$

$$\sum_{i=1}^{n} y_{ij} = 1 \tag{4-12}$$

$$n_i = \begin{cases} 0, & \sum_{j=1}^{m} y_{ij} \cdot N_j = 0 \\ 1, & \sum_{j=1}^{m} y_{ij} \cdot N_j \neq 0 \end{cases} \tag{4-13}$$

$$a_i = \begin{cases} 0, & \sum_{j=1}^{m} y_{ij} \cdot A_j = 0 \\ 1, & \sum_{j=1}^{m} y_{ij} \cdot A_j \neq 0 \end{cases} \tag{4-14}$$

$$c_i = \begin{cases} 0, & \sum_{j=1}^{m} y_{ij} \cdot C_j = 0 \\ 1, & \sum_{j=1}^{m} y_{ij} \cdot C_j \neq 0 \end{cases} \quad (4\text{-}15)$$

$$\sum_{j=1}^{m} y_{ij} \geq x_i \quad (4\text{-}16)$$

$$w_{Nj}, w_{Aj}, w_{Cj} \geq 0 \quad (4\text{-}17)$$

$$x_i, y_{ij}, c_i, a_i, n_i, m_{ij}, A_j, C_j, N_j = 0, 1 \quad (4\text{-}18)$$

式(4-1)为时间满意度函数,值域为[0,1],从上到下的第一个函数值表示当备选点 i 对需求点 j 服务的时间 t_{ij} 小于需求点 j 对服务感到非常满意的最长等待时间 L_j 时,时间满意度函数的值为1,即为非常满意;第二个函数值表示当备选点 i 对需求点 j 服务的时间 t_{ij} 超过了需求点 j 对服务感到非常满意的最长等待时间 L_j,但没有超过需求点 j 对服务感到非常不满意的最短等待时间 U_j 时,时间满意度函数的值为$(U_j - t_{ij})/(U_j - L_j)$,即为满意度一般;第三个函数值表示当备选点 i 对需求点 j 服务的时间 t_{ij} 超过了需求点 j 对服务感到非常不满意的最短等待时间 U_j 时,时间满意度函数的值为0,即为不满意。

式(4-2)表示备选点 i 对需求点 j 服务的时间 t_{ij} 为备选点 i 到需求点 j 的距离 d_{ij} 与运输车辆的行驶速率 v 的比值。

式(4-3)表示改造成本函数,从上到下的第一个函数值表示当备选点 i 具有普通货物的仓储场所时,备选点 i 的改造成本为 ω_i;第二个函数值表示只要备选点 i 具有干燥货物的仓储场所,备选点 i 的改造成本为 σ_i;第三个函数值表示只要备选点 i 具有冷藏货物的仓储场所,备选点 i 的改造成本为 θ_i。

式(4-4)表示政府对时间满意度和改造成本之差最大化的需求,决策变量为 x_i、c_i、a_i、n_i。

式(4-5)表示至少选择一个备选点。

式(4-6)表示备选点的类型最少为一种,最多为三种的组合。

式(4-7)表示企业的利润需求,由六个部分组成,从左到右依次为:运输货物所收取的费用、装卸收取费用、在备选点与需求点之间运输的过程中消耗的油费、在备选点与物流中心之间运输的过程中消耗的油费、备选点的运营成本,以及备选点的装卸成本,在该下层规划中,决策变量为 m_{ij}、y_{ij}。

式(4-8)表示需求点的货物类型至少有一种,最多不超过两种。

式(4-9)表示运往需求点的特殊货物最多只能有一种。

式(4-10)表示如果一个备选点对一个需求点提供配送服务,那么该备选点的类型一定与需求点的需求类型匹配。

式(4-11)表示只有被选中的备选点才能提供配送服务。

式(4-12)表示一个需求点有且只能由一个备选点提供服务。

式(4-13)表示运输普通货物的备选点应具有普通货物的仓储场所。

式(4-14)表示运输冷藏货物的备选点应具有冷藏货物的仓储场所。

式(4-15)表示运输干燥货物的备选点应具有干燥货物的仓储场所。

式(4-16)表示一个备选点如果被选中,那么它一定需要提供服务,且可以对多个需求点提供服务。

式(4-17)表示需求点的货物载重需求量非负。

式(4-18)表示等号左边的参数取值都为 0 或 1。

4.5.4 模型优化

4.5.4.1 无量纲化

双层规划的上层规划目标函数为各个需求点的时间满意度之和减去被选择的备选点的改造成本之和。时间满意度是一个主观意识上的指标,用数值来量化人对服务的主观感受,不具有量纲,而改造成本往往具有货币单位,因此两者无法直接进行求和计算。

无量纲化可以通过消除数据的量纲,使得原本量纲不相同的数据可以一起进行计算,从而达到简化计算过程的目的,是一种处理数据的科学手段。无量纲化的方法有很多,常用的有标准化(S)、中心化(C)、归一化(MMS)、区间化(Interval)、最小值化(minS)、最大值化(maxS)等,这些方法的数据处理手段和意义如表 4-3 所示。

无 量 纲 化 方 法　　　　表 4-3

方法名称	处理手段	意　　义
标准化(S)	$(x - \text{mean})/\text{std}$	让数据的平均值为 0,标准差为 1
中心化(C)	$x - \text{mean}$	让数据的平均值为 0
最大-最小值归一化(MMS)	$(x - \min)/(\max - \min)$	将数据的取值范围控制在[0,1]内
区间化(Interval)	$a + (b - a) \cdot (x - \min)/(\max - \min)$	将数据控制在自定义的区间[a,b]内
最小值化(minS)	$x/\min$	比较数据与数组中的最小值
最大值化(maxS)	$x/\max$	比较数据与数组中的最大值

其中,x 为要进行处理的数据,mean 为数组平均值,std 为标准差,min 为数组最小值,max 为数组最大值,a、b 为自定义区间的最小、最大值。通过表格可以得知,上层规划模型目标函数中,时间满意度函数本身就是一种特殊的归一化方法。

改造成本由于数值上与时间满意度相比较大,导致时间满意度对上层规划的目标函数值影响微弱,而时间满意度的取值范围正好为[0,1],为了增加时间满意度在上层规划目标函数中的影响,也可以将改造成本的数值经过处理后,范围设定在 0 和 1 之间,但是在上表的最大-最小值归一化处理手段中,有可能会出现归一化处理后数据为 0 的情况,而成本数据应为正数,因此这种情况不符合成本数据的特点。为了避免成本数据无量纲化后出现数值为 0 的情况,需要将无量纲化后的改造成本数值区间设置为(0,1],在表 4-3 的无量纲化方法中,可以采用最大值化的方法对改造成本进行处理,将改造成本函数,即式(4-3)进行最大值化处理后,得到表达式如下:

$$B_i^* = \begin{cases} \omega_i/\max(\omega_i, \sigma_i, \theta_i), & n_i = 1, a_i + c_i = 0 \\ \sigma_i/\max(\omega_i, \sigma_i, \theta_i), & a_i = 1 \\ \theta_i/\max(\omega_i, \sigma_i, \theta_i), & c_i = 1 \end{cases} \quad (4-19)$$

式中:　B_i^* ——最大值化处理后的改造成本函数;

$\max(\omega_i, \sigma_i, \theta_i)$ ——取 w_i、σ_i、θ_i 中的最大值。

4.5.4.2 约束条件简化

在本书的双层规划模型中,由于货物类型的参数与货物需求量在实际运算中是已知条件,因此约束条件中的式(4-8)、式(4-9)和式(4-17)对变量不构成约束作用,可以省略。

优化后的双层规划模型表达式如下:

$$\max_{x_i,c_i,a_i,n_i} F = \sum_{i=1}^{n}\sum_{j=1}^{m} x_i \cdot (c_i + a_i + n_i) \cdot m_{ij} \cdot y_{ij} \cdot S(t_{ij}) - \sum_{i=1}^{n} x_i \cdot B_i^* \tag{4-20}$$

$$\text{s.t.} \quad \sum_{i=1}^{n} x_i \geqslant 1 \tag{4-21}$$

$$1 \leqslant c_i + a_i + n_i \leqslant 3 \tag{4-22}$$

$$\max_{m_{ij},y_{ij}} f = \sum_{i=1}^{n}\sum_{j=1}^{m}(N_j \cdot w_{Nj} \cdot x_i \cdot n_i \cdot y_{ij} \cdot c_N + A_j \cdot w_{Aj} \cdot x_i \cdot a_i \cdot y_{ij} \cdot c_A + C_j \cdot w_{Cj} \cdot x_i \cdot c_i \cdot y_{ij} \cdot c_C) +$$
$$\sum_{i=1}^{n}\sum_{j=1}^{m}[W \cdot (N_j \cdot w_{Nj} + A_j \cdot w_{Aj} + C_j \cdot w_{Cj}) \cdot x_i \cdot y_{ij}] -$$
$$\sum_{i=1}^{n}\sum_{j=1}^{m}[(N_j \cdot w_{Nj} + A_j \cdot w_{Aj} + C_j \cdot w_{Cj}) \cdot x_i \cdot (c_i + a_i + n_i) \cdot m_{ij} \cdot y_{ij} \cdot d_{ij} \cdot o] -$$
$$\sum_{i=1}^{n}\sum_{j=1}^{m}[x_i \cdot y_{ij} \cdot d_i(N_j \cdot w_{Nj} + A_j \cdot w_{Aj} + C_j \cdot w_{Cj}) \cdot o] - \sum_{i=1}^{n}(x_i \cdot r) -$$
$$\sum_{i=1}^{n}\sum_{j=1}^{m}(x_i \cdot y_{ij} \cdot w) \tag{4-23}$$

$$\text{s.t.} \quad m_{ij} \geqslant y_{ij} \tag{4-24}$$

$$x_i \geqslant y_{ij} \tag{4-25}$$

$$\sum_{i=1}^{n} y_{ij} = 1 \tag{4-26}$$

$$n_i = \begin{cases} 0, & \sum_{j=1}^{m} y_{ij} \cdot N_j = 0 \\ 1, & \sum_{j=1}^{m} y_{ij} \cdot N_j \neq 0 \end{cases} \tag{4-27}$$

$$a_i = \begin{cases} 0, & \sum_{j=1}^{m} y_{ij} \cdot A_j = 0 \\ 1, & \sum_{j=1}^{m} y_{ij} \cdot A_j \neq 0 \end{cases} \tag{4-28}$$

$$c_i = \begin{cases} 0, & \sum_{j=1}^{m} y_{ij} \cdot C_j = 0 \\ 1, & \sum_{j=1}^{m} y_{ij} \cdot C_j \neq 0 \end{cases} \tag{4-29}$$

$$\sum_{j=1}^{m} y_{ij} \geqslant x_i \tag{4-30}$$

$$x_i, y_{ij}, c_i, a_i, n_i, m_{ij}, A_j, C_j, N_j = 0, 1 \tag{4-31}$$

在优化后的模型中,除式(4-20)与优化前的模型不同以外,其他的公式均与优化前的模型相同。

4.5.5 算法设计

本模型涉及变量较多,问题规模较大,根据模型的特点,拟采用遗传算法求解模型。

遗传算法是一种模拟生物进化规律的算法,通过环境的调整筛选出适应环境的种群。遗传算法的主要流程如图4-4所示。

由于双层规划问题在求解顺序上有"先上后下"的要求,该模型需要解决选址问题,在难度上属于NP-难问题,根据相关学者发布的文献资料,可以把遗传算法分为两个阶段来求解。第一阶段先求解上层规划模型,即选址问题,在备选的二级节点中选出适合的配送中心。第二阶段根据第一阶段选择的配送中心进行服务规划,根据需求、距离等因素确定配送中心的服务对象以及服务范围。反复计算优化上层和下层模型直到预先设置好的迭代次数,得出最优方案。

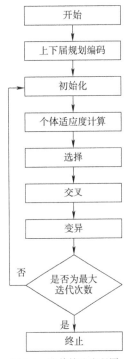

图4-4 遗传算法流程图

4.5.5.1 上层规划遗传算法步骤

(1) 个体编码

对于上层规划,由于上层规划的决策变量为 x_i、c_i、a_i、n_i,它们都为0-1变量,因此采用0-1编码的方式来对上层规划的个体进行编码,且 c_i、a_i、n_i 在逻辑上与 x_i 具有捆绑关系,所以可以将个体(染色体)视为4行 i 列的矩阵,设 i 为4,则个体的编码如下所示:

$$A = \begin{bmatrix} 1 & 0 & 1 & 0 \\ 1 & 0 & 1 & 0 \\ 0 & 1 & 1 & 0 \\ 1 & 0 & 0 & 1 \end{bmatrix}$$

该个体的第一行表示备选点的数量及选择状态,第一行中有4个元素(基因),意味着备选点的数量为4,按从左到右的顺序来对应备选点的号码,第一行第一列的元素为1,表示备选点1号被选中,第一行第二列的元素为0,表示备选点2号没有被选中,第一行第三列的元素为1,表示备选点3号被选中,第一行第四列的元素为0,表示备选点4号没有被选中。第二行到第四行的元素表示备选点所拥有的仓储场所类型,第二行的元素对应的变量为 n_i,即是否拥有普通货物仓储场所,第三行的元素对应的变量为 a_i,即是否拥有干燥货物仓储场所,第四行的元素对应的变量为 c_i,即是否拥有冷藏货物仓储场所。从列的角度来看,第一列表示备选点1号被选中,且拥有普通货物与冷藏货物的仓储场所;第二列表示备选点2号没有被选中(此情况下即使拥有任何类型的仓储场所也被视为无意义行为,可忽略);第三列表示备选点3号被选中,且拥有普通货物和干燥货物的仓储场所;第四列表示备选点4号没有被选中。

(2) 适应度函数

本书的上层规划目标函数需要求最大值,适应度函数是筛选出优秀个体的重要手段,适应度函数的值需要为正数,适应度函数的复杂程度越高,则搜索的时间复杂度越高,因此适应度应该朝向"最简单"的方向进行设计。在求目标函数的最大值时,一般可以直接使用目标函数作为适应度函数,但是在本书的上层规划目标函数中,目标函数并不能保证运算结果一定为正数,因此,需要在尽可能不改变目标函数的情况下,使得适应度函数为正数。容易得知 $\sum_{i=1}^{n} x_i \cdot B_i^*$ 的最大值为 n,因此,适应函数可以设置为上层规划目标函数与 n 的和,从而保证适应度函数为正数,即:

$$\text{Fitness} = \sum_{i=1}^{n}\sum_{j=1}^{n} x_i \cdot (c_i + a_i + n_i) \cdot m_{ij} \cdot y_{ij} \cdot S(t_{ij}) - \sum_{i=1}^{n} x_i \cdot B_i^* + n \quad (4\text{-}32)$$

(3)选择

选择操作是将一些在自然环境中进化出现的优秀个体的染色体作为父本遗传到下一代种群的行为。选择方法采用轮盘赌方法,轮盘赌是常用的选择方法,即个体被选择的概率和其优秀程度呈正相关的关系。轮盘赌的概率表达式如下:

$$P_i = \frac{b_i}{\sum_{i=1}^{n} b_i} \quad (4\text{-}33)$$

其中,个体 P_i 表示个体 i 被选中的概率,b_i 表示个体 i 的适应值,$\sum_{i=1}^{n} b_i$ 表示种群中一共有 n 个个体。将它们的适应值按顺序从第一个开始逐渐累加到最后一个,每一次选择生成一个 [0,1] 之间的随机数做为轮盘指针,轮盘转动后,指针所指的区域对应的个体则被选中,若轮盘一共有 3 个个体,个体 1 的概率为 0.3,个体 2 的概率为 0.5,个体 3 的概率为 0.2,则个体 1 的累加概率为 0.3,个体 2 的累加概率为 0.8,个体 3 的累加概率为 1,若指针指向的区域对应的概率为 0.4,则意味着落到了个体 2 的区域,选择个体 2;若指针指向的区域对应的概率为 0.1,则意味着落到了个体 1 的区域,选择个体 1;若指针指向的区域对应的概率为 0.9,则意味着落到了个体 3 的区域,选择个体 3。

假设产生的初始种群有 3 个个体,分别为 A_1、A_2、A_3,它们的适应度函数值分别为 1、2、3,那么在轮盘赌中,A_1、A_2、A_3 被选中的概率分别为:

$$P(A_1) = \frac{1}{1+2+3} = \frac{1}{6}$$

$$P(A_2) = \frac{2}{1+2+3} = \frac{1}{3}$$

$$P(A_3) = \frac{3}{1+2+3} = \frac{1}{2}$$

结合 A_1、A_2、A_3 被选择的概率,可以得出选择概率转盘,如图 4-5 所示。

(4)交叉

由于备选点的数量不多,可以采用对应行基因单点交叉的方式进行交叉操作,即随机选择两个个体,随机确定对应行中交叉的位置,把位置上的基因进行交换,本书设置交叉发生的概率为 0.9。假设个体 A_1 和个体 A_2 的基因如下:

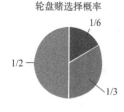

图 4-5 选择概率转盘示意图 1

$$A_1 = \begin{bmatrix} 1 & 0 & 1 & 0 \\ 1 & 0 & 1 & 0 \\ 0 & 1 & 1 & 0 \\ 1 & 0 & 0 & 1 \end{bmatrix}, \quad A_2 = \begin{bmatrix} 1 & 0 & 1 & 0 \\ 1 & 0 & 1 & 0 \\ 0 & 1 & 1 & 0 \\ 1 & 0 & 0 & 1 \end{bmatrix}$$

现在将个体 A_1 中的第一行第一列基因、第二行第二列基因、第三行第一列基因、第四行第四列基因分别与个体 A_2 中的第一行第二列基因、第二行第三列基因、第三行第四列基因、第四行第一列基因进行交换(两个个体中,相同符号所包围的两个基因进行交换):

$$A_1 = \begin{bmatrix} |1| & 0 & 1 & 0 \\ 1 & \backslash 0\backslash & 1 & 0 \\ \langle 0 \rangle & 1 & 1 & 0 \\ 1 & 0 & 0 & (1) \end{bmatrix} \xleftrightarrow{\text{对应行基因单点交叉}} A_2 = \begin{bmatrix} 1 & |0| & 1 & 0 \\ 1 & 0 & \backslash 1\backslash & 0 \\ 0 & 1 & 1 & \langle 0 \rangle \\ (1) & 0 & 0 & (1) \end{bmatrix}$$

得到子代个体 A_1^* 和 A_2^* 如下:

$$A_1^* = \begin{bmatrix} 0 & 0 & 1 & 0 \\ 1 & 1 & 1 & 0 \\ 0 & 1 & 1 & 0 \\ 1 & 0 & 0 & 1 \end{bmatrix}, \quad A_2^* = \begin{bmatrix} 1 & 1 & 1 & 0 \\ 1 & 0 & 0 & 0 \\ 0 & 1 & 1 & 0 \\ 1 & 0 & 0 & 1 \end{bmatrix}$$

(5) 变异

由于备选点的数量不多,可以采用单点变异的方式进行变异操作,即随机选择一个个体,随机确定变异的位置,把位置上的基因改变。本书设置变异发生的概率为 0.1,将种群数量乘以变异概率,得出需要变异的个体数量(若非整数,则取不大于该数值的最大整数),随机选取该数量的个体进行变异。设个体 A 的基因如下:

$$A = \begin{bmatrix} 1 & 0 & 1 & 0 \\ 1 & 0 & |1| & 0 \\ 0 & 1 & 1 & 0 \\ 1 & 0 & 0 & 1 \end{bmatrix}$$

现在将 A 中第二行第三列的基因进行变异操作,将其从 1 变为 0,得到新的个体 A^* 如下:

$$A^* = \begin{bmatrix} 1 & 0 & 1 & 0 \\ 1 & 0 & |0| & 0 \\ 0 & 1 & 1 & 0 \\ 1 & 0 & 0 & 1 \end{bmatrix}$$

(6) 终止迭代

当算法迭代到达一定次数,或者适应度不再发生变化,或者适应度达到给定的阈值时,算法终止。本书设定的初始迭代次数为 50。

4.5.5.2 下层规划遗传算法步骤

(1) 个体编码

对于下层规划,由于下层规划拥有决策变量 m_{ij}、y_{ij},且这两种变量在逻辑上与 x 有关联,本书采用浮点数编码,即将每个备选点独立成一小部分,若需求点数量为 h,则每一小部分长

度为 $2h$，若备选点的数量为 n，则个体长度为 $2nh$。

备选点1							备选点2							……
m_{11}	m_{12}	……	m_{1h}	y_{11}	y_{12}	……	y_{1h}	m_{21}	m_{22}	……	m_{2h}	y_{21}	y_{22}	……	y_{2h}	……
$2h$							$2h$							$2h \cdot (n-2)$
$2hn$														

在第一小部分(备选点1)中，前 h 个基因按从左到右的顺序对应 m_{11}、m_{12}、……、m_{1h} 的值，后 h 个基因按从左到右的顺序对应 y_{11}、y_{12}、……、y_{1h}；第二小部分(备选点2)中，前 h 个基因按从左到右的顺序对应 m_{21}、m_{22}、……、m_{2h} 的值，后 h 个基因按从左到右的顺序对应 y_{21}、y_{22}、……、y_{2h} 的值，其余部分以此类推。若上层规划中只选中了备选点1和备选点2，则未被选中的备选点，其包含的基因值都为0("0,1"表示基因的取值范围为0或1)。

备选点1						备选点2						……
0,1	0,1	……	0,1	0,1	0,1	……	0,1	0,1	0,1	……	0,1	……	0,1	0
$2h$						$2h$						$2h \cdot (n-2)$
$2hn$												

(2) 适应度函数

本书的下层规划目标函数需要求最大值，适应度函数是筛选出优秀个体的重要手段，适应度函数的值需要为正数，适应度函数的复杂程度越高，则搜索的时间复杂度越高，因此适应度应该朝向"最简单"的方向进行设计。下层规划的目标函数与上层规划的目标函数类似，不能保证函数值一定为正数，因此，需要进行和上层规划设置适应度函数时相似的操作，容易得知 $\sum_{i=1}^{n}(x_i \cdot r)$ 的最大值为 nr，$\sum_{i=1}^{n}\sum_{j=1}^{m}(x_i \cdot y_{ij} \cdot w)$ 的最大值为 nmw，则下层规划的适应度函数为：

$$\max_{m_{ij}, y_{ij}} f = \sum_{i=1}^{n}\sum_{j=1}^{m}(N_j \cdot w_{Nj} \cdot x_i \cdot n_i \cdot y_{ij} \cdot c_N + A_j \cdot w_{Aj} \cdot x_i \cdot a_i \cdot y_{ij} \cdot c_A + C_j \cdot w_{Cj} \cdot x_i \cdot c_i \cdot y_{ij} \cdot c_C) +$$
$$\sum_{i=1}^{n}\sum_{j=1}^{m}[W \cdot (N_j \cdot w_{Nj} + A_j \cdot w_{Aj} + C_j \cdot w_{Cj}) \cdot x_i \cdot y_{ij}] -$$
$$\sum_{i=1}^{n}\sum_{j=1}^{m}[(N_j \cdot w_{Nj} + A_j \cdot w_{Aj} + C_j \cdot w_{Cj}) \cdot x_i \cdot (c_i + a_i + n_i) \cdot m_{ij} \cdot y_{ij} \cdot d_{ij} \cdot o] -$$
$$\sum_{i=1}^{n}\sum_{j=1}^{m}[x_i \cdot y_{ij} \cdot d_i \cdot (N_j \cdot w_{Nj} + A_j \cdot w_{Aj} + C_j \cdot w_{Cj}) \cdot o] - \sum_{i=1}^{n}(x_i \cdot r) -$$
$$\sum_{i=1}^{n}\sum_{j=1}^{m}(x_i \cdot y_{ij} \cdot w) + l_1 + l_2 + nr + nmw$$

(4-34)

其中，l_1 为 $\sum_{i=1}^{n}\sum_{j=1}^{m}[(N_j \cdot w_{Nj} + A_j \cdot w_{Aj} + C_j \cdot w_{Cj}) \cdot x_i \cdot (c_i + a_i + n_i) \cdot m_{ij} \cdot y_{ij} \cdot d_{ij} \cdot o]$ 的最大值，l_2 为 $\sum_{i=1}^{n}\sum_{j=1}^{m}[x_i \cdot y_{ij} \cdot d_i \cdot (N_j \cdot w_{Nj} + A_j \cdot w_{Aj} + C_j \cdot w_{Cj}) \cdot o]$ 的最大值。

(3) 选择

选择操作是将一些在自然环境中进化出现的优秀个体的染色体作为父本遗传到下一代种群的行为。选择方法采用轮盘赌方法，轮盘赌是常用的选择方法，即个体被选择的概率和其优秀程度呈正相关的关系。假设初始种群中包含个体 B_1、B_2、B_3，它们的适应度函数值分别为 4、5、6，那么在轮盘赌中，B_1、B_2、B_3 被选中的概率分别为：

$$P(B_1) = \frac{4}{4+5+6} = \frac{4}{15}$$

$$P(B_2) = \frac{4}{4+5+6} = \frac{1}{3}$$

$$P(B_3) = \frac{4}{4+5+6} = \frac{2}{5}$$

结合 B_1、B_2、B_3 被选择的概率，可以得出选择概率转盘，如图 4-6 所示。

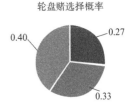

图 4-6 选择概率转盘示意图 2

每一次迭代中，选择的次数与种群中个体的数量相同，每一次选择时，产生一个介于 [0,1] 之间的随机数，用来模拟每一次转动转盘的行为。轮盘转动后，指针所指的区域对应的个体则被选中，若轮盘一共有 3 个个体，个体 1 的概率为 0.3，个体 2 的概率为 0.5，个体 3 的概率为 0.2，则个体 1 的累加概率为 0.3，个体 2 的累加概率为 0.8，个体 3 的累加概率为 1，若指针指向的区域对应的概率为 0.4，则意味着落到了个体 2 的区域，选择个体 2；若指针指向的区域对应的概率为 0.1，则意味着落到了个体 1 的区域，选择个体 1；若指针指向的区域对应的概率为 0.9，则意味着落到了个体 3 的区域，选择个体 3。

(4) 交叉

由于 m_{ij}、y_{ij} 具有联系，且模型涉及 x_i、m_{ij}、y_{ij} 的约束条件较多，为了使得交叉产生的子代存活率更高，让算法不至于收敛过早，拟使用的交叉方法是单点交叉操作方法，本书设置的交叉概率为 0.9。假设上层规划中，选择备选点 1 和备选点 2，$h=4$，两个个体如下：

备选点 1								备选点 2								……	
0	1	0	1	0	1	0	1	1	1	1	0	1	0	1	0		0
$2h=8$								$2h=8$								$2h\cdot(n-2)$	
$2hn$																	

备选点 1								备选点 2								……	
1	1	0	1	1	0	0	0	1	1	1	0	1	1	0	0		0
$2h=8$								$2h=8$								$2h\cdot(n-2)$	
$2hn$																	

随机选择位置 a，使得这两个位置之间的基因进行交换，假设 $a=8$，那么交换的基因为括号所包围的基因：

备选点 1								备选点 2								……	
0	1	0	1	0	1	0	(1)	1	1	1	0	1	0	1	0		0
$2h=8$								$2h=8$								$2h\cdot(n-2)$	
$2hn$																	

备选点1								备选点2								……
1	1	0	1	1	0	0	(0)	1	1	1	1	0	1	1	0	0
$2h=8$								$2h=8$								$2h\cdot(n-2)$

$2hn$

将两个个体的基因进行交换,得到以下个体:

备选点1								备选点2								……
0	1	0	1	0	1	0	0	1	1	1	0	1	0	1	0	0
$2h=8$								$2h=8$								$2h\cdot(n-2)$

$2hn$

备选点1								备选点2								……
1	1	0	1	1	0	0	1	1	1	1	1	0	1	1	0	0
$2h=8$								$2h=8$								$2h\cdot(n-2)$

$2hn$

(5)变异

由于 m_{ij}、y_{ij} 具有联系,且模型涉及 x_i、m_{ij}、y_{ij} 的约束条件较多,为了使得变异产生的个体存活率更高,让算法不至于收敛过早,拟使用的变异方法是单点变异操作方法,本书设置的变异概率为0.1,将种群数量乘以变异概率,得出需要变异的个体数量(若非整数,则取不大于该数值的最大整数),随机选取该数量的个体进行变异。假设需要变异的个体如下:

备选点1								备选点2								……
1	1	0	1	1	0	0	1	1	1	1	1	0	1	1	0	0
$2h=8$								$2h=8$								$2h\cdot(n-2)$

$2hn$

现选择2号位置的基因进行0-1互换,得到新的个体如下:

备选点1								备选点2								……
1	0	0	1	1	0	0	1	1	1	1	1	0	1	1	0	0
$2h=8$								$2h=8$								$2h\cdot(n-2)$

$2hn$

(6)终止迭代

当算法迭代到达一定次数,或者适应度不再发生变化,或者适应度达到给定的阈值时,算法终止。本书设置初始迭代次数为50次。

上层规划与下层规划的遗传算法步骤都设计完毕后,需要按照双层规划的求解思路,对这两层规划的遗传算法进行组合,组合后的双层规划模型遗传算法流程如图4-7所示。算法步骤如下。

4 农村物流网络节点选址

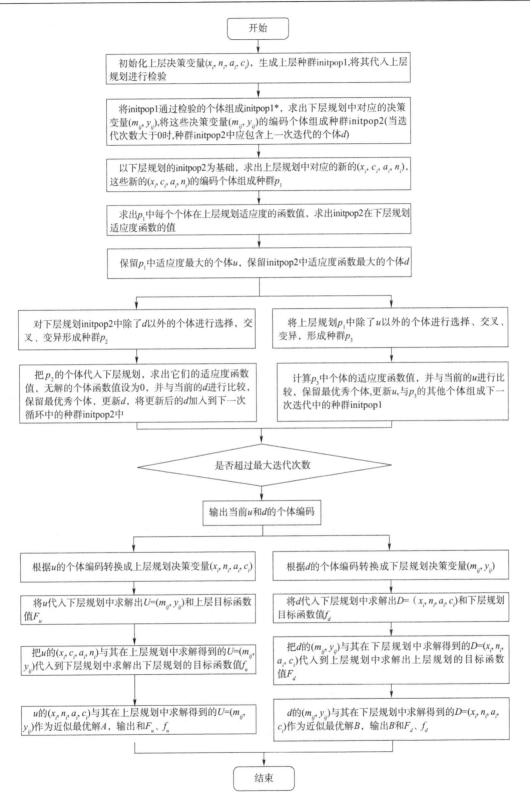

图4-7 双层规划模型遗传算法流程

步骤1：对遗传算法的初始种群规模（initpop1 = 100）、交叉概率（pc = 0.9）、变异概率（pm = 0.1）和最大迭代次数（gen≤50）进行设置，开始时 gen 为 0。

步骤2：生成上层规划初始种群 initpop1，即按照设定的规模生成若干个如 $A_i(i \in [1,100])$ 所示的个体，这些个体就是式（4-20）中的控制变量 x_i、n_i、a_i、c_i 的 0-1 编码。对于第 i 个个体，它的编码 A_i 的形式如下：

$$A_i = \begin{bmatrix} a_{11}^i & a_{12}^i & a_{13}^i & a_{14}^i & \cdots & a_{1n}^i \\ a_{21}^i & a_{22}^i & a_{23}^i & a_{24}^i & \cdots & a_{2n}^i \\ a_{31}^i & a_{32}^i & a_{33}^i & a_{34}^i & \cdots & a_{3n}^i \\ a_{41}^i & a_{42}^i & a_{43}^i & a_{44}^i & \cdots & a_{4n}^i \end{bmatrix}$$

其中，A_i 为种群中某个个体的编码，i 为 $[1,100]$ 中的某一正整数，矩阵中的元素 a 表示基因，a 的下标中第一个数字为元素所在矩阵的行数，第二个数字为元素所在矩阵的列数，n 为备选点的总个数。

步骤3：对这些个体进行检查，即代入到上层规划的适应度函数与约束条件中求解，如果有解，假设有解的个体数量为 k，则将这 k 个个体记录下来，组成种群 initpop1*。

步骤4：将步骤 3 中种群 initpop1* 作为基础，并将这些个体代入下层规划进行求解，生成规模同样为 l 的下层规划的初始种群 initpop2（若当前迭代次数不为 0，则 initpop2 应包含上一次迭代中的个体 d），initpop2 中的个体就是式（4-23）的控制变量 m_{ij} 和 y_{ij} 的实数编码，假设在步骤 3 中，一个有解个体如下：

$$A = \begin{bmatrix} 1 & 1 & 0 & 0 & \cdots & 0 \\ A_{21} & A_{22} & A_{23} & A_{24} & \cdots & A_{2m} \\ A_{31} & A_{32} & A_{33} & A_{34} & \cdots & A_{3m} \\ A_{41} & A_{42} & A_{43} & A_{44} & \cdots & A_{4m} \end{bmatrix}$$

则意味着备选点 1 号，备选点 2 号被选中成为配送中心，那么以该个体为基础的下层规划 initpop2 中的初始个体如下（"0,1"表示基因的取值范围为 0 或 1）：

备选点1						备选点2						……
0,1	0,1	……	0,1	0,1	0,1	0,1	0,1	0,1	……	0,1	0,1	0,1	……	0,1	0
2h						2h						$2h \cdot (n-2)$
2hn												

步骤5：将 initpop2 所有个体代入上层规划中进行计算，求解出新的上层规划 p_1 种群。

步骤6：计算新的上层规划 p_1 种群中个体的适应度函数值 Fitness。

步骤7：将上层的所有个体的 Fitness 进行大小比较，选择出最大的 Fitness 与其所对应的优秀个体 u，更新 max Fitness 的值，并将 u 保留下来。

步骤8：将上层规划 p_1 种群中除了 u 以外的个体进行选择（使用轮盘赌，选择的次数与其余个体的数量相同）、交叉（按选择的顺序进行相邻个体两两交叉，每个个体交叉一次，若剩余个体数量为奇数，则最后一个个体与自身进行交叉）和变异（交叉后的个体中，按照事先设定的概率随机选择对应数量的个体进行变异)形成种群 p_3，求出 p_3 的所有个体在上层规划适应度函数值 Fitness，并与当前 u 进行比较，保留最优秀的个体，更新 u，将更新后的 u 与种群 p_3 一起形成下一次迭代中步骤 2 的种群 initpop1。

步骤 9：将种群 initpop2 中的个体分别代入到下层规划的适应度函数与约束条件中求解，计算这些个体的适应度函数值 fitness。

步骤 10：将下层规划的所有 fitness 进行大小比较，选择出最大的 fitness 与其所对应的优秀个体 d，更新 max fitness 的值，并将 d 保留下来。

步骤 11：将种群 initpop2 中除了 d 以外的个体进行选择(使用轮盘赌，选择的次数与其余个体的数量相同)、交叉(按选择的顺序进行相邻个体两两交叉，每个个体交叉一次，若剩余个体数量为奇数，则最后一个个体与自身进行交叉)和变异(交叉后的个体中，按照事先设定的概率随机选择对应数量的个体进行变异)形成种群 p_2，并对 p_2 的个体进行 fitness 计算，与当前 d 比较，保留最优秀个体，更新 d，将更新后的 d 加入到下一次迭代中步骤 4 的种群 initpop2 中。

步骤 12：检查 gen 是否大于 50，若是，输出当前的 u 和 d，转步骤 13，反之，gen = gen + 1，转步骤 3。

步骤 13：将 u 代入上层规划中，求解出对应的解 $U = (m_{ij}, y_{ij})$ 与上层目标函数的 F_u 值。

步骤 14：将 u 和 $U = (m_{ij}, y_{ij})$ 代入到下层规划中，求解下层规划目标函数值 f_u。

步骤 15：将 d 代入下层规划中，求解出对应的解 $D = (x_i, n_i, a_i, c_i)$ 与下层目标函数的值 f_d。

步骤 16：将 d 和 $D = (x_i, n_i, a_i, c_i)$ 代入到上层规划中，求解上层规划目标函数值 F_d。

步骤 17：将 u、$U = (m_{ij}, y_{ij})$、F_u 和 f_u 作为近似最优解 A，将 d、$D = (x_i, n_i, a_i, c_i)$、F_d 和 f_d 作为近似最优解 B，输出 A 和 B，结束。

4.5.6 选址改造方案

根据武陟县的实际情况，以大虹桥乡、西陶镇、乔庙镇、詹店镇、小董乡和三阳乡六个乡镇节点作为备选点所在地，孟门村、东安村、炉里村、小原村、土城村、八里岗村、索余会村、郭下村、邢庄村、宋陵村、白庙村、小许庄村、陈堤村和贾作村十四个村级节点作为需求点所在地使用双层规划方法寻找二级节点。备选点与需求点、县级物流中心的距离如表 4-4 所示。

备选点与需求点、县级物流中心的距离　　　　表 4-4

距离 d(km)	大虹桥乡(1)	西陶镇(2)	乔庙镇(3)	詹店镇(4)	小董乡(5)	三阳乡(6)
物流中心	14.07	18.43	16.48	18.73	16.50	11.76
孟门村(1)	10.18	6.11	35.30	35.25	10.33	15.70
东安村(2)	7.60	11.79	21.56	22.61	14.68	12.02
炉里村(3)	6.76	11.29	24.61	24.60	8.62	3.88
小原村(4)	9.98	14.39	20.00	21.82	12.36	7.88
土城村(5)	6.01	10.39	22.98	24.32	8.70	5.60
八里岗村(6)	7.69	11.60	20.75	21.78	10.90	8.61
索余会村(7)	7.14	9.01	23.84	24.00	10.56	11.42

续上表

距离 d(km)	大虹桥乡(1)	西陶镇(2)	乔庙镇(3)	詹店镇(4)	小董乡(5)	三阳乡(6)
郭下村(8)	9.45	13.52	19.10	20.38	12.48	9.36
邢庄村(9)	22.84	26.87	6.89	9.95	25.73	21.50
宋陵村(10)	26.33	30.21	3.08	6.71	29.35	25.33
白庙村(11)	23.57	27.20	4.95	6.32	26.78	23.34
小许庄村(12)	27.29	30.69	3.43	2.12	30.59	27.43
陈堤村(13)	23.49	27.86	12.05	15.69	25.78	20.60
贾作村(14)	6.31	9.64	22.49	23.15	9.79	9.04

需求点对各类货物的运输需求如表 4-5 所示。

需求点对各类货物的运输需求　　　　表 4-5

运输需求(kg)	w_{Nj} 普通货物	w_{Aj} 干燥货物	w_{Cj} 冷藏货物
孟门村(1)	360	200	0
东安村(2)	500	0	0
炉里村(3)	200	0	600
小原村(4)	300	300	0
土城村(5)	400	260	0
八里岗村(6)	580	0	300
索余会村(7)	460	420	0
郭下村(8)	370	0	240
邢庄村(9)	280	320	0
宋陵村(10)	410	0	200
白庙村(11)	320	0	260
小许庄村(12)	290	400	0
陈堤村(13)	330	210	0
贾作村(14)	560	0	500

备选点的改造成本如表 4-6 所示。

备选点的改造成本　　　　表 4-6

备选点改造成本 B_i(元)	ω_i 普通货物仓储场所	σ_i 干燥货物仓储场所	θ_i 冷藏货物仓储场所
大虹桥乡(1)	10000	15000	17000
西陶镇(2)	8000	12000	19000
乔庙镇(3)	13000	17000	20000
詹店镇(4)	11000	16000	18000
小董乡(5)	9000	14000	19000
三阳乡(6)	10000	13000	16500

对表 4-6 的改造成本进行无量纲化处理后,得到表 4-7。

无量纲化处理后的备选点改造成本　　　　　　　　　　　表 4-7

备选点改造成本 B_i^*	ω_i 普通货物仓储场所	σ_i 干燥货物仓储场所	θ_i 冷藏货物仓储场所
大虹桥乡(1)	0.588235	0.882353	1.000000
西陶镇(2)	0.421053	0.631579	1.000000
乔庙镇(3)	0.650000	0.850000	1.000000
詹店镇(4)	0.611111	0.888889	1.000000
小董乡(5)	0.473684	0.736842	1.000000
三阳乡(6)	0.606061	0.787879	1.000000

单位货物的运价如表 4-8 所示。

单位货物的运价　　　　　　　　　　　表 4-8

运价(元/kg)	c_N 普通货物	c_A 干燥货物	c_C 冷藏货物
	4	6	10

油耗、装卸费用、成本以及车速如表 4-9 所示。

油耗、装卸费用、成本以及车速　　　　　　　　　　　表 4-9

油耗 $o[元/(kg \cdot km)]$	0.25	装卸收费 W(元/kg)	2
固定成本 r(元)	50	车速 v(km/h)	10
装卸成本 w(元)	100		

由距离和车速之比可以得到备选点对各个需求点的服务时间,如表 4-10 所示。

备选点对需求点的服务时间　　　　　　　　　　　表 4-10

时间 t_{ij}(h)	大虹桥乡(1)	西陶镇(2)	乔庙镇(3)	詹店镇(4)	小董乡(5)	三阳乡(6)
孟门村(1)	1.018	0.611	3.530	3.525	1.033	1.570
东安村(2)	0.760	1.179	2.156	2.261	1.468	1.202
炉里村(3)	0.676	1.129	2.461	2.460	0.862	0.388
小原村(4)	0.998	1.439	2.000	2.182	1.236	0.788
土城村(5)	0.601	1.039	2.298	2.432	0.870	0.560
八里岗村(6)	0.769	1.160	2.075	2.178	1.090	0.861
索余会村(7)	0.714	0.901	2.384	2.400	1.056	1.142
郭下村(8)	0.945	1.352	1.910	2.038	1.248	0.936
邢庄村(9)	2.284	2.687	0.689	0.995	2.573	2.150
宋陵村(10)	2.633	3.021	0.308	0.671	2.935	2.533
白庙村(11)	2.357	2.720	0.495	0.632	2.678	2.334
小许庄村(12)	2.729	3.069	0.343	0.212	3.059	2.743
陈堤村(13)	2.349	2.786	1.205	1.569	2.578	2.060
贾作村(14)	0.631	0.964	2.249	2.315	0.979	0.904

需求点对服务的时间窗口如表4-11所示。

需求点对服务的时间窗口　　　　　　　　　　　表4-11

时间限度(h)	L_j	U_j	时间限度(h)	L_j	U_j
孟门村(1)	0.50	2.00	郭下村(8)	1.20	2.10
东安村(2)	0.80	1.50	邢庄村(9)	0.76	2.05
炉里村(3)	0.50	1.00	宋陵村(10)	1.30	3.00
小原村(4)	1.00	2.00	白庙村(11)	0.84	2.50
土城村(5)	1.00	2.25	小许庄村(12)	0.65	1.50
八里岗村(6)	0.90	1.80	陈堤村(13)	1.50	2.50
索余会村(7)	0.82	1.68	贾作村(14)	0.98	1.70

由表4-10和表4-11,可以得到时间满意度,如表4-12所示。

需求点对备选点提供服务的时间满意度　　　　　　　　　　　表4-12

时间满意度 $S(t_{ij})$	大虹桥乡(1)	西陶镇(2)	乔庙镇(3)	詹店镇(4)	小董乡(5)	三阳乡(6)
孟门村(1)	0.654667	0.926000	0	0	0.644667	0.286667
东安村(2)	1.000000	0.458571	0	0	0.045714	0.425714
炉里村(3)	0.648000	0	0	0	0.276000	1.000000
小原村(4)	1.000000	0.561000	0	0	0.764000	1.000000
土城村(5)	1.000000	0.968800	0	0	1.000000	1.00000
八里岗村(6)	1.000000	0.711111	0	0	0.788889	1.000000
索余会村(7)	1.000000	0.905814	0	0	0.725581	0.625581
郭下村(8)	1.000000	0.831111	0.211111	0.068889	0.946667	1.000000
邢庄村(9)	0	0	1.000000	0.817829	0	0
宋陵村(10)	0.215882	0	1.000000	1.000000	0.038235	0.274706
白庙村(11)	0.086145	0	1.000000	1.000000	0	0.100000
小许庄村(12)	0	0	1.000000	1.000000	0	0
陈堤村(13)	0.151000	0	1.000000	0.931000	0	0.440000
贾作村(14)	1.000000	1.000000	0	0	1.000000	1.000000

结合以上数据,使用组合后的遗传算法对双层规划模型进行求解,使用软件MATLAB,版本为2016a Win64,在计算机Lenovo ideapad 110-15ISK(处理器Intel(R)Core(TM)i5-6200U CPU @ 2.30GHz 2.40GHz RAM 8G)和Windows 10操作系统中运行,根据参数设置,得到的结果如下(交叉概率为0.9,变异概率为0.1):

初始种群为100,迭代次数为50,求解的结果如下:

(1)A方案。上层目标函数值为3.4802,下层目标函数值为20064.975。备选点的选择情况和服务情况如下:

大虹桥乡被选中,需要改建成普通货物和冷藏货物的仓储场所,且服务的需求点为:八里岗村、郭下村。

乔庙镇被选中,需要改建成普通货物、干燥货物和冷藏货物的仓储场所,且服务的需求点为:邢庄村、宋陵村、小许庄村、陈堤村。

小董乡被选中,需要改建成普通货物和干燥货物的仓储场所,且服务的需求点为:孟门村。

三阳乡被选中,需要改建成普通货物、干燥货物和冷藏货物的仓储场所,且服务的需求点为:东安村、炉里村、小原村、土城村、索余会村、白庙村、贾作村。

(2)B方案。上层目标函数值为0.33987,下层目标函数值为20754.575。备选点的选择情况和服务情况如下:

大虹桥乡被选中,需要改建成普通货物、干燥货物和冷藏货物的仓储场所,且配送的需求点为:东安村、土城村、郭下村、贾作村。

西陶镇被选中,需要改建成普通货物和干燥货物的仓储场所,且配送的需求点为:孟门村。

乔庙镇被选中,需要改建成普通货物、干燥货物和冷藏货物的仓储场所,且配送的需求点为:邢庄村、宋陵村、白庙村、小许庄村、陈堤村。

小董乡被选中,需要改建成普通货物和干燥货物的仓储场所,且配送的需求点为:索余会村。

三阳乡被选中,需要改建成普通货物、干燥货物和冷藏货物的仓储场所,且配送的需求点为:炉里村、小原村、八里岗村。

根据求解的结果,可以看出A方案的上层目标函数值为:3.4802,下层目标函数值为:20064.975,B方案的上层目标函数值为:0.33987,下层目标函数值为:20754.575。就上层目标函数而言,A方案的函数值更大,就下层目标函数而言,B方案的函数值更大。若最终决策时更看重需求点满意度与改造成本的压缩,可以选择A方案;若最终决策时更强调企业的生存,则选择B方案更好。

4.6 本章小结

本章建立了物流网络节点选址的双层规划模型,上层目标是从政府关切的民生角度出发,下层是从物流企业运营成本的角度出发,并设计了求解该模型的遗传算法,结合武陟县的实际数据,确定了武陟县三级物流网络中的二级节点选址改造方案。

5 农村上下行物流车辆路径优化

5.1 问题描述

由第3章农村上下行物流运作模式可知,在一定范围内,一个城市总配送中心覆盖多个乡镇配送中心,一个乡镇配送中心覆盖多个村级代理点。所以,农村上下行物流路径优化模型可以看作单一配送中心服务多个配送点,具体描述如下:给定一个配送中心和多个配送点,配送点同时具有送货需求与取货需求且总需求超过车辆载重。位于配送中心的同一类型车辆可以为这些配送点提供服务。所有要配送的货物都是从配送中心发出,所有收集到的货物最终要运回配送中心。每辆车都可以执行取货、送货服务,且不能超过车辆最大载重。同一车辆对同一配送点服务只能一次,同一配送点可以被不同车辆服务多次。目标是找到一组满足所有配送点需求的车辆路线,配送时不超过车辆容量,并使运行总距离最小化。而这类车辆路线优化模型其实就是文献[25]提出的集送货需求可拆分的车辆路径优化模型(Split Vehicle Routing Problem with Delivery and Pickup,SVRPPD)。

对于农村共同配送问题的描述如下:传统的农村物流是由多个快递企业进行单独的配送,在独立的配送网络中如图5-1所示,各家快递企业都有独立的配送中心,分别对有需求的配送点进行配送,每个配送车辆从配送中心出发,依次完成各个配送点的配送需求,然后再返回配送中心。这样的配送模式,使整体配送效率低下,不仅投入的车辆数增加,而且会导致车辆的严重空载。

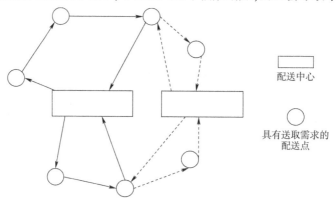

图5-1 传统配送模式

如果将农村的快递企业进行整合,如图5-2所示,共用一个配送中心,实行共同配送,结合农村上下行物流车辆路径路线对各个配送点进行配送,车辆从配送中心出发到各个配送区域进行取货和送货任务,根据各个配送点的取货需求和送货需求分车运输,优化车辆的路径,可以降低各家快递企业的配送成本,减少空车里程提升农村物流效率。

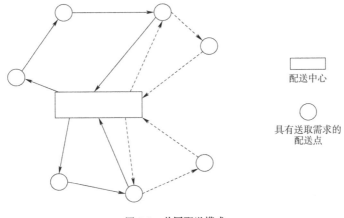

图 5-2 共同配送模式

5.2 农村上下行物流车辆路径问题的数学模型

5.2.1 建模思路

农村上下行物流的建模思路是通过减少配送距离,从而减少配送成本、提高运输效率,所以上下行物流车辆路径问题将目标函数设置为运输总路径最小。为了建立符合实际的约束条件,进行以下假设:

(1) 共用配送中心位置已知;
(2) 每个配送点的送取需求量已知;
(3) 统一的车辆型号和最大满载,且最大满载已知;
(4) 车辆必须从同一个配送中心出发,并最终返回该配送中心;
(5) 每一辆车对同一个配送点只准服务一次;
(6) 配送点具有送货、取货两种需求,且允许送取需求超过车辆载重;
(7) 配送点不限制被访问次数,一个配送点可以被多个车辆服务;
(8) 任意车辆对配送点送取服务无顺序要求;
(9) 设定车辆数 K 为已知参数,最小车辆数为:

$$K = \lceil \max\{D, P\}/Q \rceil \tag{5-1}$$

式中:$\lceil \ \rceil$——向上取整;

D——总送货量;

P——总取货量;

Q——车辆最大装载能力。

5.2.2 数学模型

对于农村上下行物流车辆路径优化模型中的符号说明见表 5-1。

符号说明 表5-1

类别	符号	说明
下标	i,j	i,j 表示配送中心及配送点，$i,j \in \{0,1,\cdots,n\}$
	k	车辆的标号（车辆型号统一），$k \in \{1,2,\cdots,K\}$
数据	K	使用车辆的总数
	Q	车辆的最大装载能力
	D_i	配送点 i 处的送货需求，其中 $i \in \{1,2,\cdots,n\}$
	P_i	配送点 i 处的取货需求，其中 $i \in \{1,2,\cdots,n\}$
	c_{ij}	配送点之间或配送点与配送中心之间的距离，其中 $i,j \in \{0,1,\cdots,n\}$
决策变量	x_{ijk}	如果车辆 k 从配送点 i 至配送点 j，则 $x_{ijk}=1$，否则 $x_{ijk}=0$
	y_{ik}	当 $i=1,2,\cdots,n$ 时表示车辆 k 在配送点 i 的送货量；当 $i=0$ 时表示车辆 k 在配送中心的装载量
	z_{ik}	当 $i=1,2,\cdots,n$ 时表示车辆 k 在配送点 i 的取货量；当 $i=0$ 时表示车辆 k 在配送中心的卸载量
	a_{ijk}	车辆 k 从点 i 直接到点 j 的过程中车上装载的集取的货物（包含在点 i 的装载量）
	b_{ijk}	车辆 k 从点 i 直接到点 j 的过程中车上装载的待配送的货物

$$\min Z = \sum_{i=1}^{n}\sum_{j=1}^{n}\sum_{k=1}^{K} c_{ij} x_{ijK} \tag{5-2}$$

$$\text{s.t.} \quad \sum_{j=1}^{n} x_{0jk} \leq 1, k=1,2,\cdots,K \tag{5-3}$$

$$\sum_{i=0}^{n} x_{ihk} = \sum_{j=0}^{n} x_{hjk}, h=0,1,\cdots,n; k=1,2,\cdots,K \tag{5-4}$$

$$\sum_{k=1}^{K} y_{ik} = D_i, i=1,2,\cdots,n \tag{5-5}$$

$$\sum_{k=1}^{K} z_{ik} = P_i, i=1,2,\cdots,n \tag{5-6}$$

$$z_{ik} = \sum_{j=0}^{n} a_{ijk} - \sum_{j=0}^{n} a_{jik}, i=1,2,\cdots,n; k=1,2,\cdots K \tag{5-7}$$

$$y_{ik} = \sum_{j=0}^{n} b_{jik} - \sum_{j=0}^{n} b_{ijk}, i=1,2,\cdots,n; k=1,2,\cdots K \tag{5-8}$$

$$y_{0k} \leq Q, z_{0k} \leq Q, k=1,2,\cdots,K \tag{5-9}$$

$$a_{ijk} + b_{ijk} \leq Q x_{ijk}, i,j=0,1,\cdots,n; k=1,2,\cdots K \tag{5-10}$$

$$\sum_{i=1}^{n} y_{ik} = y_{0k}, k=1,2,\cdots,K \tag{5-11}$$

$$\sum_{i=1}^{n} z_{ik} = z_{0k}, k=1,2,\cdots,K \tag{5-12}$$

$$a_{0jk} = b_{i0k} = 0, i,j = 0,1,\cdots,n; k = 1,2,\cdots K \tag{5-13}$$

$$\max\{z_{ik}/P_i, y_{ik}/D_i\} \leq \sum_{j=0}^{n} x_{jik}, i = 1,2,\cdots,n; k = 1,2,\cdots K \tag{5-14}$$

$$x_{jik} \in \{0,1\}, i,j = 0,1,\cdots,n; k = 1,2,\cdots,K \tag{5-15}$$

$$y_{ik}, z_{ik}, a_{ijk}, b_{ijk} \geq 0, i = 1,2,\cdots,n; k = 1,2,\cdots,K \tag{5-16}$$

目标函数(5-2)是车辆行驶距离的最小化约束条件;式(5-3)和式(5-4)表示车辆从配送中心出发,最终返回配送中心;式(5-5)和式(5-6)表示配送点需求与分配给车辆的送取任务之间的关系;式(5-7)和式(5-8)表示车辆在一条配送路径上的取货、送货货物的载重量与在节点送取货物量之间的关系;式(5-9)表示装载的待配送的货物总量,待卸载的收集货物总量不得超过车辆的容量;式(5-10)表示车辆在一条路径上已收取的以及待配送货物的装载量之和,即车辆载重量不能超过车辆容量;式(5-11)和式(5-12)表示每辆车的全部送货量之和等于该车从配送中心出发时的总装载量,每辆车的全部取货量之和等于车辆返回配送中心处的卸载量;式(5-13)表示当一个车辆从配送中心出发的时候,车辆上没有收取到的货物,当一个车辆返回配送中心的时候,车辆上没有待配送的货物;式(5-14)表示每个配送点只被访问它的车辆服务;式(5-15)和式(5-16)表示变量约束。

5.3 农村上下行物流车辆路径优化模型求解

5.3.1 算法的比较与选择

已知车辆路径问题(Vehicle Routing Problem, VRP)为 NP-难问题,前面已经总结车辆路径根据约束条件、配送点需求等因素分为不同种类的车辆路径问题。对于不同的车辆路径问题,求解的算法也不同,换言之并不是每一种优化算法都适合所有不同的车辆路径问题,应综合考虑优化算法的传统分类标准以及每个算法的优缺点和适用的领域。下面罗列出各个算法优缺点和适用性,以便进行比较和分析[43]。

通过表 5-2 可以看出,不同的优化算法有各自的适用范围。总结来说,精确算法要优于其他类型算法,精确算法准确说是严格按照数学方法来寻找最优解。但正是由于数学方法的原因,精确算法在求解过程中容易出现指数爆炸,从而针对复杂约束条件的道路模型和大规模问题有一定的局限性。传统启发式算法在求解该问题时,容易陷入局部最优,得不到全局最优解。现代启发式算法对问题的数学性质没有很高的要求,是依据自然界仿生原理设计出来的,在解决一些规模较大的实际问题的时候相较于精确算法计算速度有显著优势。

模拟退火算法(Simulated Annealing Algorithm, SAA)是一种运用广泛的现代启发式算法,也可用于路径优化问题的求解。模拟退火算法具有以下优点:独有的接受较差解的特点,可以有效地使算法跳出局部最优解,从而达到全局最优解,对问题的全局优化效果良好。首先,该算法以初始种群为起点,不限于单点优化,从而增加了搜索空间,快速得到最优解或满意解。其次,模拟退火算法的可扩展性强,其过程和逻辑框架清晰,并且可以灵活改进,对编码方法、适应度函数、初始温度、冷却速率和各种参数进行自适应性的调整。最后，模拟退火算法可以高效地解决复杂的非线性优化问题。考虑到以上优点，我们采用模拟退火算法求解农村电子商务上下行物流模型 SVRPPD 问题。

路径优化算法比较　　　　　　　　　　　表 5-2

类别	基本方法	优点	缺点	适应性
精确算法	分支定界法	可以求得最优解，平均速度快	计算周期长，占用内存大	适用对称或非对称的 VRP 问题，要求数据量小
	动态规划法	能够求得最优解	空间占据过多	适用于空间需求量小的问题
	切平面法	能够求得最优解	计算周期长，占用内存大	适用于求解小型的优化问题
	集分割和列生成	直接优化可行解，VRP 模型简单	不易确定可行解最小成本	适用于约束严格、规模较小的问题
传统启发式算法	节约算法	简便、易行、车辆利用率高	过于强调节约路程，忽略时间因素	适用于配送点需求确定、大规模的 VRP、CVRP 问题
	插入算法	容易与其他算法结合，得到最优解	计算结果不一定为最优	适用于小规模的优化问题
现代启发式算法	扫描算法	先来先服务原则，容易结合其他算法求解	扫描时间过程漫长	适用于规模不大的 CVRP 问题
	两阶段算法	易于融合其他算法	结果的改进较为复杂	适用于规模不大的 CVRP 问题
	禁忌搜索算法	易于提高搜索效率	结果可能为局部最优解	适用于较大规模 VRP、VRPSTW 问题
	模拟退火算法	独有的接受较差解特性，全局搜索能力出色	结果不一定最优可行解	适用于复杂化、大规模的各种优化问题
	遗传算法	鲁棒性强、全局搜索能力出色	易陷入局部最优	适用于对既有的优化路径改造
	蚁群算法	并行性强、易于多种算法结合	搜索速度慢、易陷入局部最优	适用于多目标的 VRP、TSP 问题

5.3.2 竞争决策算法

5.3.2.1 竞争决策算法基本原理

竞争决策算法(Competitive Decision Algorithm,CDA)的基本原理如下:有一个或多个竞争者参与对资源的竞争。根据优胜劣汰的原理,一部分竞争力强的竞争者获得资源而增加实力,另外一部分竞争力弱的竞争者失去资源而减弱实力甚至最后消失,只要新的资源占有状态下目标值优于原来的占有状态就达到了优化的效果。

CDA 中的基本概念如下。

(1)竞争者:参与竞争的对象,若只有一个竞争者时,可假设存在一个虚拟的竞争者(即自然),它没有竞争力函数或者竞争力为 0。

(2)资源:竞争者争夺的对象。

(3)竞争决策状态:某一时刻竞争者资源占有的情况。初始状态就是在竞争决策前各竞争者的资源占有情况。

(4)竞争力函数:代表竞争者对某种资源所具有的竞争力。

(5)决策函数:根据竞争力函数裁决资源如何分配。具体的作用有:①当竞争决策中只有一个非虚拟竞争者时,决策函数确定竞争者占领资源的次序;②当竞争决策中有多个非虚拟竞争者时,决策函数一方面确定竞争者占领资源的次序,另一方面确定当前资源应分配给具体的某一个竞争者;③决定把某一资源从某一竞争者手中剥夺出来并分配给另一个竞争者。

(6)竞争决策均衡:一种资源分配状态。在此状态下,一个非虚拟竞争者不能根据竞争力函数和决策函数再去占领更多的资源。

(7)资源交换规则:在竞争决策均衡状态下,通过资源交换规则使竞争进入到一个非稳定的状态,从而使各竞争者重新进行竞争,最终再回到竞争决策均衡状态。

5.3.2.2 竞争决策算法通用流程

在实际问题的求解中可以设置多个竞争力函数、多个决策函数、多个资源占有初始状态,并通过进行多轮的竞争决策最后输出最好一轮中得到的结果。令 dd、cc、ll 分别表示决策函数、竞争力函数和初始状态的变量;dd_count、cc_count、ll_count 分别代表决策函数、竞争力函数和初始状态的个数,现在给出算法的通用流程:

步骤1:重复剔除整体上的劣质资源或重复固定整体上的优秀资源

步骤2:初始化

分别为 cc_count、dd_count、ll_count 赋值。

步骤3:竞争决策

    for $dd=1$ to dd_count

      for $cc=1$ to cc_count

        for $ss=1$ to ss_count

{做一些初始化的工作为竞争决策做准备:

    根据 ss 的值设置初始格局;

资源争夺阶段执行次数=0;

根据第 cc 个竞争力函数计算在初始状态下每个竞争者对每个资源的竞争力函数值。

步骤 3.1:资源分配

按照第 cc 个竞争力函数、第 dd 个决策函数把资源分配给某一竞争者 i,并修改 i 及其他变量的状态,直到所有资源都被竞争者占有时该阶段结束。

步骤 3.2:资源争夺

资源争夺阶段执行次数=资源争夺阶段执行次数+1;

如果资源争夺阶段次数>资源争夺阶段最大次数,则转步骤 3.5,否则各竞争者可以根据第 cc 个竞争力函数与第 dd 个决策函数把资源从其他竞争者手中剥夺出来。当所有竞争者都不能根据第 cc 个竞争力函数与第 dd 个决策函数把资源从其他竞争者手中剥夺出来时,此时到达竞争决策均衡状态,该阶段结束。

步骤 3.3:剔除多余的或不当的资源

某些竞争者在竞争决策过程中占用了某些对当前均衡状态来说是不当或多余的资源,各竞争者应将这些不当或多余的资源剔除。

步骤 3.4:资源交换

若竞争决策均衡状态对于资源交换规则来说是"稳定策略",则转步骤 3.5,否则通过资源交换规则交换资源,这样就可能进入下一个新的非均衡状态,然后转步骤 3.2。

步骤 3.5:资源交换直到不能再通过资源交换得到更好解为止

若在资源交换步骤之后当前状态仍然是均衡状态且所求得结果更好,则执行这样的交换直到不存在交换为止,否则进入下一轮的竞争决策。

步骤 4:输出竞争决策得到的最好的一个或几个结果

流程说明如下:算法中步骤 1 是可选的,它可以减少问题规模并且提高求解速度和求解效果,一般必须通过数学证明和推导才能得出能判定整体上的劣质资源和整体上的优秀资源的定理,如文献[44]。步骤 3.4 和步骤 3.5 的区别是步骤 3.4 通过资源交换使竞争进入到一个非均衡状态,而步骤 3.5 通过资源交换使竞争进入到另一个均衡状态。上面流程中每一轮的竞争决策的五个阶段,即步骤 3.1~3.5,根据具体问题不同会有一定的差异,有些问题的竞争在步骤 3.1 即达到均衡状态,因此就不需要步骤 3.2 直接进入步骤 3.3,有些问题到达的均衡状态对于资源交换规则来说是稳健的,即在均衡状态下通过资源交换仍然是均衡状态,这时就不需要步骤 3.4。其中步骤 3.5 也是可选的。

5.3.2.3 SVRPPD 的竞争决策算法

1)基本思想

在经典的先群聚后确定路径的构造型启发式算法的框架下,加入竞争决策的思想,将 SVRPPD 问题的 CDA 算法的求解分为两步,第一步确定所需车辆数及每辆车需要访问的客户,第二步确定每辆车所访问客户的闭环路线。在第一步中把每辆车当作一个竞争者,每个客户当作被竞争的资源,若车没有占有客户或只占有出发点(后面称为 depot),则认为该车被淘汰,该车不需要再派出。depot 属于每一个竞争者且不被当作资源来竞争。在第二步中,由于每辆车要访问的客户已确定,只需确定访问这些客户的次序。

2)竞争决策过程

(1)初始状态

由于每辆车都从 depot($i=0$)出发,所以 0 点是大家都占有的公共资源。假设车辆数目 che_num 对运输任务是足够多的,即令 $che\_num = \max(3n, 3m)$,其中 n 为客户节点的个数,m 为需要的最小车辆数。此时每辆车对每个客户节点的竞争力都相同,这里采用以下三个方法构造初始状态。

①一辆车分配一个客户。

将一辆车指派给一个客户,当客户需求大于车辆容量时,一个客户可能被指派给了多辆车。

步骤 1:$k=1$。

步骤 2:找到一个具有集货、送货需求的客户节点 h,并将 h 分配给车辆 k(也称车辆 k 占有节点 h,当节点需求大于车辆容量时,一个节点被多辆车占有)。根据客户 h 和车辆 k 的当前状态,在贪婪式原则下,确定在客户 h 处车辆 k 应该集货、送货的数量,并更新车辆 k 和节点 h 的状态。

步骤 3:$k=k+1$。

步骤 4:如果 $k < che\_num$ 并且存在客户还具有集货或送货需求,则转步骤 2,否则算法停止。

②按照最远最近的访问策略,确定一辆车占有多个客户。

将集货、送货需求看成是不相关的两个量,根据最远点最近点的次序将客户指派给车辆并确定一辆车应该在客户处集货、送货多少数量。

步骤 1:$k=1, s=0$。

步骤 2:如果 $s=0$,找到一个离 depot 最远且具有集货、送货需求的客户 h,将 h 指派给车辆 k。然后,根据车辆 k 和客户 h 的当前状态,在贪婪式原则下,分别确定在客户 h 处车辆 k 应该集货、送货的数量。最后更新车辆 k 和节点 h 的状态。

如果 $s>0$,找一个具有集货、送货需求且离当前客户 h 距离最近的客户 hh,将它指派给车辆 k。然后,根据车辆 k 和客户 hh 的当前状态,在贪婪式原则下,确定在客户 hh 处车辆 k 应该集货、送货的数量。最后更新车辆 k 和节点 hh 的状态,并且令 $h=hh$。

步骤 3:$s=s+1$。如果在步骤 2 中满足条件的客户存在并且分别对于集货、送货车辆 k 均没有满载,则转到步骤 2。如果步骤 2 中没有满足条件的客户或者集货、送货量都已经达到了车辆的容量限制则转步骤 4。

步骤 4:$k=k+1, s=0$。

步骤 5:如果 $k \leq che\_num$ 并且存在具有集货、送货需求的客户,转步骤 2。否则,算法停止。

③第一阶段直送,第二阶段先访问最大需求的节点,接着按照最近的访问策略,设车辆容量为 Q。

在第一阶段,如果存在客户 i 的集货、送货需求都大于车辆容量,车辆满载 Q 单位的货物从 depot 出发,将这些货物发送给客户 i,同时从客户 i 处接收 Q 单位的货物,最后满载 Q 单位的货物返回 depot,这称为一个 out-and-back tour,译为直送服务。一直进行直送服务直到集货、送货需求任何一个小于 Q 停止。一次直送服务对应一条车辆路径,这些车辆不参与后面的竞争决策。

在第二阶段,将剩下的具有集货、送货需求的客户指派给新的车辆,这个过程基本同②相同,只需把②中的步骤2进行如下修改即可:

步骤2:如果 $s=0$,并且全部送货需求小于(大于)全部集货需求,找到一个具有最大集货(送货)需求的客户 h 并把它指派给车辆 k,更新客户 h 和车辆 k 的状态。如果 $s>0$,找到一个具有集货或送货需求的离当前客户 h 距离最近的客户 hh 并将 hh 指派给车辆 k。然后根据当前车辆 k 和客户节点 hh 的状态,在贪婪式原则下确定在客户 hh 处的集货量和送货量,最后更新车辆 k 和客户 hh 的状态并令 $h=hh$。

以上三种构造初始状态的方法中,①对车辆的使用数没有限制,而若按照②的方法构造初始状态,由于一辆车只有当指派给它的集货、送货总量均达到车辆的容量 Q 时,才开始另外一辆车的客户指派,所以最后车辆的使用数必然是最小车辆数。③是先对那些集货、送货需求大于车辆容量的节点进行直送服务,然后将剩下的客户逐一指派给新的车辆,只有当指派给一辆车的集货、送货总量均达到车辆的容量 Q 时,才开始另外一辆车的客户指派,所以最后车辆的使用数也是最小车辆数。需要注意的是,初始状态的构造只进行资源的指派,不确定具体的路径,但是资源的指派能够保证指派给一辆车的客户按照某个访问次序是一条可行路径。

(2)竞争力函数

本算法只采用1个竞争力函数。车辆 k 对客户节点 i 的竞争力函数 $power(k,i)$ 为车辆 k 占用的所有客户节点中距离节点 i 最近的距离。

(3)决策函数

本算法只采用一个决策函数。如果车辆 k 占有节点 i,存在另外一辆车 k_0 满足 $power(k_0,i)<power(k,i)$ 且车辆 k_0 能够在原来的基础上还能装载车辆 k 在节点 i 的集货、送货需求,则改由车辆 k_0 来访问节点 i,车辆 k 不再访问节点 i,即车辆 k 在 i 点的任务由车辆 k_0 来代替。

(4)剔除多余的或不当的资源

当通过竞争决策过程中的资源争夺达到一个竞争决策均衡状态时,通过一些方法判断出某些竞争者不占用某些资源时,问题的解将更好,那么就把该竞争者的这些资源剔除掉。本算法通过下面的调整方式来剔除某些车辆多余的或不当的资源。

①调整方式1:若某一个竞争决策均衡状态,车辆 k_1 和车辆 k_2 都要到节点 h 集货或送货,且 $power(k_1,h)<power(k_2,h)$。由于此时是竞争决策均衡状态,因此车辆 k_1 的空余容量限制不能完全把车辆 k_2 在节点 h 的集货或送货任务接收过来,但是可以通过下面的调整方式来改变这种状态:

a.可以使与车辆 k_1 有公共节点的其他车辆在公共节点尽量多集货和多送货来代替车辆 k_1,从而增大车辆 k_1 的空余空间;

b.可以使其他访问节点 h 的车辆在节点 h 尽量多集货和多送货来代替车辆 k_2,从而使车

辆 k_2 在节点 h 的集货与送货量尽可能减少。

经上述处理之后，若此时车辆 k_1 的空余容量能够完全装载车辆 k_2 在节点 h 的集货量与送货量，则车辆 k_2 在节点 h 的任务完全由车辆 k_1 代替，即车辆 k_2 不再到节点 h 去集货和送货，因此对车辆 k_2 来说，它走的路径长度在一般情况下会缩短。关于如何增加车辆 k_1 的空余空间以及减少车辆 k_2 在节点 h 的集货、送货量参见附录1。

②调整方式2：调整方式1要求 $power(k_1,h) < power(k_2,h)$，调整方式2则去掉此要求，其他都与调整方式1相同。

(5) 资源交换

若车辆 k_1 访问客户节点 h 但不访问节点 g，车辆 $k_2(k_2 \neq k_1)$ 访问节点 $g(g \neq h)$ 但不访问节点 h，且 $power(k_1,g) + power(k_2,h) < power(k_1,h) + power(k_2,g)$，即车辆 k_1 与车辆 k_2 互相交换节点 h 与 g 后成本将更小，则判断车辆 k_1 与车辆 k_2 的空余容量是否满足要求，若满足则互换节点（即改由车辆 k_1 访问节点 g，车辆 k_2 访问节点 h），若不满足则利用调整方式1中的①和②来增大车辆 k_1、k_2 的空余容量，减少车辆 k_1 在节点 h 的集送货数量，减少车辆 k_2 在节点 g 的集送货数量，若调整后车辆空余容量能够满足要求则互换节点。

3) 算法流程

步骤1：计算两点间最短距离

步骤2：初始化

$$dd\_count = 1; cc\_count = 1; ss\_count = 3;$$
$$che\_num = \max\{3n, 3Q\};$$

资源争夺阶段执行最大次数 $=5$。

步骤3：竞争决策

for $dd = 1$ to dd_count
    for $cc = 1$ to cc_count
        for $ss = 1$ to ss_count

{做一些初始化的工作为竞争决策做准备：

按照第 ss 个初始状态确定每辆车访问的客户节点，该阶段把所有需要集货或送货的节点都安排必要的车辆，形成初始格局；

资源争夺阶段执行次数 $=0$；

根据第 cc 个竞争力函数计算在初始状态下每个竞争者对每个资源的竞争力函数值。

步骤3.1：竞争阶段1：资源分配。

由于前面资源已经全部分配，因此本算法不需要本阶段。

步骤3.2：竞争阶段2：资源争夺。

各竞争者可以根据第 cc 个竞争力函数与第 dd 个决策函数把资源从其他竞争者手中剥夺出来，即若 $power(k_1,i) < power(k_2,i)$ 且车辆 k_1 能够在原来的基础上还能装载车辆 k_2 在节点 i 的所有集、送货量，则改由车辆 k_1 来占用节点 i，车辆 k_2 不再占用节点 i，车辆 k_2 在节点 i 的任务由车辆 k_1 来代替。

当所有竞争者都不能根据第 cc 个竞争力函数与第 dd 个决策函数把资源从其他竞争者手中争夺出来时,此时到达竞争均衡状态,该阶段结束。或者若资源争夺达到最大执行次数该阶段也结束。

步骤3.3:竞争阶段3:剔除多余的或不当的资源。

反复利用调整方式1和调整方式2来剔除某些车辆多余的或不当的客户节点直到不存在多余不当的客户节点或剔除多余资源的次数达到最大迭代次数,该阶段停止。

步骤3.4:竞争阶段4:资源交换达到非均衡状态阶段。

本算法该阶段与下一个阶段融合在一起。

步骤3.5:竞争阶段5:资源交换直到不能再通过资源交换得到更好解为止。

反复利用资源交换中的规则互换不同车辆中的两个节点,直到不存在可以交换的资源或资源交换次数达到最大迭代次数,该阶段停止。

步骤3.6:资源争夺阶段执行次数=资源争夺阶段执行次数+1,如果资源争夺阶段执行次数<5,转步骤3.2。

步骤4:根据前面的结果确定每辆车的具体路线

车辆 k 从 depot 出发,在车辆 k 占用的所有节点(包括 depot)中找到一个距离当前节点最远的一个点 h,访问节点 h 并根据情况进行集货和送货并更新节点和车辆的状态。然后再以 h 为当前点找一个距离当前点距离最近的点,重复这样的过程直到车辆 k 占用的所有节点的任务完成并回到 depot。

步骤5:输出竞争决策得到的最好的一个结果

5.3.2.4 算例求解与分析

本书将 CDA 算法的求解结果与现有国内外关于 SVRPPD 研究的几篇文献中的结果进行了对比。使用的数据是 Mitra[24,45] 中的算例,算例共包含 5 套数据集,110 个问题。算例中的两点间行驶距离是按照如下两种方式生成的:

情形1:任意两点 i、j 间行驶距离 c_{ij} 相等且对称,且 $c_{ij}=10$,$c_{ii}=\infty$,$\forall i,j,i>j$;

情形2:任意两点 i、j 间行驶距离 c_{ij} 不相等且对称,且 $c_{ij}=9+j-i$,$c_{ii}=\infty$,$\forall i,j,j>i$。

显然,上面两种情形下的两点间距离满足三角不等式。Mitra[24,45] 提出的两个启发式算法 SM、NH、杨亚璪[46] 提出的 YH 启发式算法,以及本章提出的 CDA 算法在车辆使用数无限制时的计算结果如表5-3所示。在表中第4列,最小车辆使用数、在情形1和2下的实际车辆使用数分别用"/"隔开,各列的含义在表下进行了标注。

从表5-3中可以看出,在行驶距离方面,CDA 算法对于两点间距离矩阵采用情形2生成的标准算例计算效果很好,全部达到了目前最好结果。而对于情形1的55个算例有35个达到目前最好结果。

对于表5-3中 CDA 计算结果得到的车辆使用数不为最小使用数的情形2的算例,表5-4列举出了在车辆使用数限制为最小使用数的条件下 CDA 的计算结果,从表中可以看到 CDA 的计算结果仍然保持了目前最好结果。这说明 CDA 算法能够在不增加车辆使用数的情况下,实现行驶距离保持在较低的水平。

在车辆数无限制时 CDA 与其他启发式算法的对比　　　　　　　　　　　　　　　　　　　　　　表 5-3

S	D_j	R_j	V	Case 1				Case 2			
				C_{SM}	C_{NH}	C_{YH}	C_{CDA}	C_{SM}	C_{NH}	C_{YH}	C_{CDA}
1	1	1	2/2/2	210	210	210	210	247	263	247	245
	5	5	10/10/10	290	290	290	290	479	515	479	461
	10	10	19/19/19	380	380	380	380	722	722	722	722
	15	15	29/29/29	670	710	670	670	1201	1303	1201	1183
	20	20	38/38/38	760	760	760	760	1444	1444	1444	1444
	5	1	10/10/10	290	290	290	290	479	515	479	461
	10	1	19/19/19	380	380	380	380	722	722	722	722
	10	5	19/19/19	380	380	380	380	722	722	722	722
	15	1	29/29/29	670	750	670	670	1201	1365	1201	1183
	15	5	29/29/29	670	750	670	670	1201	1365	1201	1183
	15	10	29/29/29	670	710	670	670	1201	1321	1201	1183
	20	1	38/38/38	760	760	760	760	1444	1444	1444	1444
	20	5	38/38/38	760	760	760	760	1444	1444	1444	1444
	20	10	38/38/38	760	760	760	760	1444	1444	1444	1444
	20	15	38/38/38	760	760	760	760	1444	1444	1444	1444
	1	5	10/10/10	290	290	290	290	479	515	479	461
	1	10	19/19/19	380	380	380	380	722	722	722	722
	1	15	29/29/29	920	750	670	670	1538	1383	1201	1183
	1	20	38/38/38	1110	760	760	760	1939	1444	1444	1444
	5	10	19/19/19	380	380	380	380	722	722	722	722
	5	15	29/29/29	1040	750	870	670	1612	1383	1325	1183

续上表

S	D_j	R_j	V	Case 1				Case 2			
				C_{SM}	C_{NH}	C_{YH}	C_{CDA}	C_{SM}	C_{NH}	C_{YH}	C_{CDA}
1	5	20	38/38/38	1270	760	1040	760	2013	1444	1763	1444
	10	15	29/29/29	1030	710	670	670	1557	1303	1201	1183
	10	20	38/38/38	760	760	760	760	1444	1444	1444	1444
	15	20	38/38/38	1310	710	630	680	1995	1444	1444	1444
2	$D_1=5$	1	27/27/28	690	710	630	680	1295	1379	1281	1259
	$D_j=D_{j-1}+1$	5	27/27/28	690	700	700	680	1295	1379	1282	1259
	$\forall j \geq 2$	10	27/27/28	760	890	820	850	1349	1442	1332	1259
	$D_1=10$	5	37/37/37	890	870	820	850	1685	1773	1682	1639
	$D_j=D_{j-1}+1$	10	37/37/37	940	900	830	860	1739	1818	1736	1650
	$D_1=15$	10	46/46/47	1070	1080	1010	1060	2017	2119	2001	1981
	$D_j=D_{j-1}+1$	15	46/46/47	1070	1080	1010	1060	2017	2146	2001	1981
	$\forall j \geq 2$	20	46/46/47	1150	1070	1050	1060	2071	2191	2050	1981
3	1	$R_1=5$	27/27/28	830	710	670	680	1445	1379	1374	1259
	5	$R_j=R_{j-1}+1$	27/27/28	910	710	830	680	1501	1397	1521	1259
	10	$\forall j \geq 2$	27/27/28	860	700	770	680	1500	1397	1609	1259
	5	$R_1=10$	37/37/37	1160	890	1040	850	1940	1791	1923	1639
	10	$R_j=R_{j-1}+1$	37/37/37	1140	870	820	850	1928	1719	1658	1639
	15	$\forall j \geq 2$	37/37/37	1090	900	1050	860	1899	1746	1983	1650
	10	$R_1=15$	46/46/47	1260	1080	1060	1060	2212	2119	2017	1981
	15	$R_j=R_{j-1}+1$	46/46/47	1360	1080	1210	1060	2294	2155	2252	1981

续上表

S	D_j	R_j	V	Case 1				Case 2			
				C_{SM}	C_{NH}	C_{YH}	C_{CDA}	C_{SM}	C_{NH}	C_{YH}	C_{CDA}
3	20	$R_1=1$ $R_j=R_{j-1}+1$ $\forall j\geq 2$	46/46/47	1310	1070	1150	1060	2289	2137	2331	1981
	$D_1=5$ $D_j=D_{j-1}+1$ $\forall j\geq 2$		27/27/28	690	720	630	660	1295	1436	1296	1259
		$R_1=5$ $R_j=R_{j-1}+1$ $\forall j\geq 2$	27/27/28	690	700	630	680	1295	1370	1279	1259
		$R_1=10$ $R_j=R_{j-1}+1$ $\forall j\geq 2$	37/37/37	1350	930	830	850	2177	1859	1684	1639
	$D_1=10$ $D_j=D_{j-1}+1$ $\forall j\geq 2$	$R_1=5$ $R_j=R_{j-1}+1$ $\forall j\geq 2$	37/37/37	890	930	820	850	1685	1823	1674	1639
4		$R_1=10$ $R_j=R_{j-1}+1$ $\forall j\geq 2$	37/37/37	890	870	820	850	1685	1710	1639	1639
		$R_1=15$ $R_j=R_{j-1}+1$ $\forall j\geq 2$	46/46/47	1590	1090	1010	1060	2525	2165	2073	1981
	$D_1=15$ $D_j=D_{j-1}+1$ $\forall j\geq 2$	$R_1=10$ $R_j=R_{j-1}+1$ $\forall j\geq 2$	46/46/47	1070	1090	1010	1060	2017	2165	2001	1981

续上表

S	D_j	R_j	V	Case 1				Case 2			
				C_{SM}	C_{NH}	C_{YH}	C_{CDA}	C_{SM}	C_{NH}	C_{YH}	C_{CDA}
4	$\forall j \geqslant 2$	$\forall j \geqslant 2$	46/46/47	1070	1070	1010	1060	2017	2110	2001	1981
		$R_1 = 15$									
		$R_j = R_{j-1}+1$									
		$\forall j \geqslant 2$	56/56/56	1830	1310	1210	1230	2979	2561	2406	2361
		$R_1 = 20$									
		$R_j = R_{j-1}+1$									
	$D_1 = 20$	$\forall j \geqslant 2$	56/56/56	1270	1280	1200	1230	2407	2487	2361	2361
	$D_j = D_{j-1}+1$	$R_1 = 20$									
	$\forall j \geqslant 2$	$R_j = R_{j-1}+1$									
5	$D_1 = 25$	$\forall j \geqslant 2$	65/65/66	1450	1470	1390	1440	2739	2856	2723	2703
	$D_j = D_{j-1}+1$	$R_1 = 25$									
	$\forall j \geqslant 2$	$R_j = R_{j-1}+1$									
	$D_1 = 30$	$\forall j \geqslant 2$	75/75/75	1650	1650	1580	1610	3129	3213	3083	3083
	$D_j = D_{j-1}+1$	$R_1 = 30$									
	$\forall j \geqslant 2$	$R_j = R_{j-1}+1$									

注：S-问题集；D_j-客户 j 处的送货需求；R_j-客户 j 处的集货需求；V-使用的车辆数；C_{SM}-SM 启发式算法行驶距离；C_{NH}-NH 启发式算法行驶距离；C_{YH}-YH 启发式算法行驶距离；C_{CDA}-CDA 算法行驶距离。

在最小车辆数限制条件下 CDA 与其他算法之间的对比　　　　　表 5-4

S	D_j	R_j	$V_{\min}$	Case2				
				$C_{\text{opt}}/C_{\text{ub}}$	C_{SM}	C_{NH}	C_{YH}	C_{CDA}
2	$D_1 = 5$	1	27	1648	1295	1379	1281	1270
	$D_j = D_{j-1} + 1$	5	27	1341	1295	1379	1282	1276
	$\forall j \geq 2$	10	27	1491	1349	1442	1332	1258
	$D_1 = 15$	10	46	2107	2017	2119	2001	1998
	$D_j = D_{j-1} + 1$	15	46	2423	2017	2146	2001	1998
	$\forall j \geq 2$	20	46	2948	2071	2191	2050	2010
3	1	$R_1 = 5$	27	1526	1445	1379	1374	1270
	5	$R_j = R_{j-1} + 1$	27	1646	1501	1397	1521	1276
	10	$\forall j \geq 2$	27	1920	1500	1397	1609	1285
	10	$R_1 = 15$	46	2519	2212	2119	2017	1998
	15	$R_j = R_{j-1} + 1$	46	2136	2294	2155	2252	1998
	20	$\forall j \geq 2$	46	2326	2289	2137	2331	2010
4	$D_1 = 5$ $D_j = D_{j-1} + 1$ $\forall j \geq 2$	$R_1 = 1$ $R_j = R_{j-1} + 1$ $\forall j \geq 2$	27	1871	1295	1436	1296	1276
		$R_1 = 5$ $R_j = R_{j-1} + 1$ $\forall j \geq 2$	27	1528	1295	1370	1279	1276
	$D_1 = 10$ $D_j = D_{j-1} + 1$ $\forall j \geq 2$	$R_1 = 15$ $R_j = R_{j-1} + 1$ $\forall j \geq 2$	46	3425	2525	2165	2073	1998
	$D_1 = 15$ $D_j = D_{j-1} + 1$ $\forall j \geq 2$	$R_1 = 10$ $R_j = R_{j-1} + 1$ $\forall j \geq 2$	46	2295	2017	2165	2001	1998
		$R_1 = 15$ $R_j = R_{j-1} + 1$ $\forall j \geq 2$	46	2565	2017	2110	2001	1998
5	$D_1 = 25$ $D_j = D_{j-1} + 1$ $\forall j \geq 2$	$R_1 = 25$ $R_j = R_{j-1} + 1$ $\forall j \geq 2$	65	4077	2739	2856	2723	2720

5.3.3 标准的模拟退火算法

5.3.3.1 模拟退火算法基本原理

模拟退火是基于固态物质退火的原理,固体粒子被加热到足够高的温度,然后慢慢冷却,随着温度的升高,固体中的颗粒受到扰动,里面的粒子逐渐变得排列规整,在每一确定温度下,粒子都能达到平衡态,最终在室温下粒子达到基态,内能最小。模拟退火算法实际上是一种贪婪算法,但它的搜索过程加入了随机因素。当迭代更新可行解时,假设得到的解根据一定概率劣于当前解,则接受当前劣解,从而有可能跳出局部最优解,得到全局最优解[47]。以图 5-3 为例,假定初始解为左边 A 点,模拟退火算法会快速搜索到局部最优解 B 点,当搜索到局部最优解后,会比较接受 B 点的概率,如果在概率范围内,则不接受 B 点,继续向右移动,到达 C 点后执行同样操作,继续右移,也许经过几次这样的不是局部最优的移动后会到达全局最优点 D,于是就跳出了局部最小值。

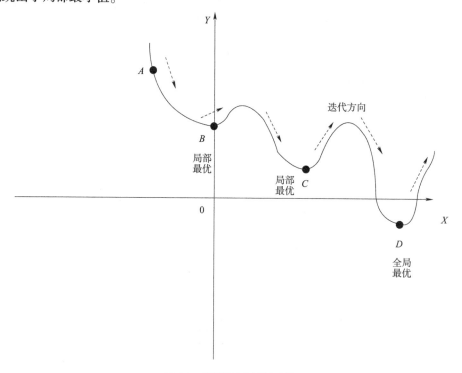

图 5-3 模拟退火原理示意图

根据热力学的原理,在温度为 T 时,出现能量差为 dE 的降温概率为 $P(dE)$,表示为:

$$P(dE) = \exp(-dE/kT) \tag{5-17}$$

式中:k——玻尔兹曼常数,$k = 1.380649 \times 10^{-23}$;

　　exp——自然常数,且 $dE < 0$。因此 $dE/kT < 0$,所以 $P(dE)$ 的取值范围是 $(0,1)$,满足概率密度函数的定义。

该公式更直观的意思是:温度越高,出现一次能量差 $P(dE)$ 的降温概率就会越大;温度越低,则出现能量差概率就越小。

这里的概率参考了金属冶炼的过程。假设当前可行解为 x,迭代更新后的解为 x_{new},那么对应的"能量差"定义为:

$$\Delta f = f(x_{new}) - f(x) \tag{5-18}$$

其对应的概率为:

$$P(\Delta f) = \exp\left(-\frac{\Delta f}{kT}\right) \tag{5-19}$$

5.3.3.2 标准模拟退火算法步骤

模拟退火算法应用广泛,但对于不同学科的不同问题,应用起来有显著差异。因此需要对相应的模拟退火算法进行逐一设计,在标准模拟退火算法的基础上改进模拟退火算法,它的基本流程见图5-4[48]。

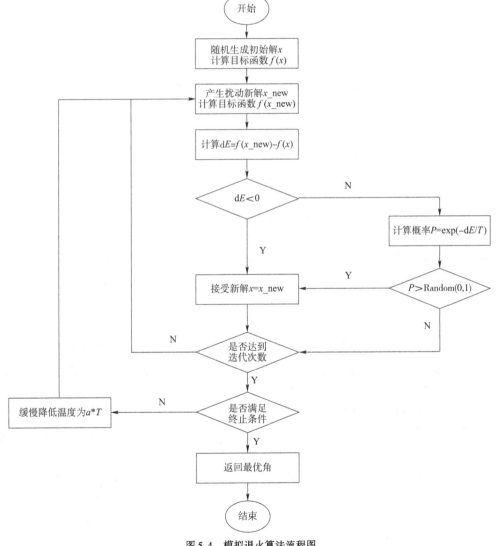

图5-4 模拟退火算法流程图

在解决和改善实际问题时,可以对照流程图 5-4,依据下列步骤进行计算:

步骤 1:构建数学模型,确定待解决的问题的目标函数、决策变量和约束条件。

步骤 2:确定合适的编码方法,将解转化为染色体编码,生成初始解,为模拟退火算法提供迭代空间。

步骤 3:计算产生的扰动新解与目标函数的差值,判断是否小于零,不是则以概率 P 接受较差解,否则接受新解。

步骤 4:接受的新解是否满足终止条件,通常取为连续若干个新解都没有被接受时终止算法。

步骤 5:满足终止条件则输出当前解为最优解,不满足则根据降温速率缓慢降温,直到 $T \leq T_{min}$。

5.3.3.3 SVRPPD 的模拟退火算法

目前对于 SVRPPD 模型的求解方法主要是构造型启发式算法。构造型启发式算法是基于对问题解的结构的了解,在启发式规则下,构造满足问题各种约束条件的可行解的一种方法。大多数学者运用构造型启发式算法求解 SVRPPD 模型时都采用"先聚类、后路径"的思想,将配送点按照一定的规则聚类成各个团簇,然后对各个团簇之间进行路径优化,采用的算法为禁忌搜索算法[49,50]、竞争决策算法(Competitive Decision Algorithm,CDA)[51]、最近点拼车算法(Nearest Node Full Load,NNFL)[46]和最远点拼车算法(Farthest Node Full Load,FNFL)[52]。本书运用现代启发式算法中的模拟退火算法求解 SVRPPD 问题。在经典的"先聚类、后路径"的思想框架下,与模拟退火算法(SAA)的思想相结合。提出一种新颖的三段式编码方式,有效地减少了算法后续迭代操作中不可行解的产生,提升算法效率,同时采用四种扰动策略,增强算法局部和全局的搜索能力,提升解的质量。对于 SVRPPD 问题的求解分为三步:第一步将配送点在原位置上分成两个虚拟配送点,并对虚拟配送点送取需求进行随机拆分;第二步确定所需车辆数及每辆车需要访问的虚拟配送点;第三步确定每辆车要访问虚拟配送点的闭环路线。

1) 编码方式

编码方式采用三段非零自然数编码,在真实配送点位置上产生两个虚拟配送点,一个表示送货需求,一个表示取货需求,真实配送点从 $1 \sim n$ 编号,虚拟配送点为 $2n$ 个,第一段编码对虚拟配送点从 $1 \sim 2n$ 排列,且相邻两个虚拟配送点的任务表示一个真实配送点总任务,奇数表示送货任务,偶数表示取货任务。然后对两种需求进行随机拆分,随机拆分的送货需求生成第二段编码,并进行随机全排列。同理随机拆分的取货任务生成第三段编码进行随机全排列。假设有 3 个真实配送点,随机拆分出了 5 个送货需求与 6 个取货需求,编码如图 5-5 所示。

对于第一段编码,$1 \sim n$ 编号是虚拟配送点中,对每个虚拟配送点引入[0,1]之间的随机数确定其是否被拆分和拆分的次数,当数值为 0 或 1 不进行拆分,一次性满足该配送点的送货需求;当数值为[0,1]之间的随机数时,对虚拟配送点的需求进行拆分,拆分之后的虚拟配送点需求量为随机数 x 与车辆满载 Q 的乘积 Qx 和 $P-Qx$(P 为该点的需求量)。

对于第二段编码,车辆 k 按照贪婪原则,从左到右的先后顺序访问送货需求的虚拟配送点。当车辆 k 访问下一个虚拟配送点超出车辆载重 Q 时,停止访问,记录要服务的虚拟配送点,结束第二段编码进入第三段编码。在配送中心装载虚拟配送点需要的货物。

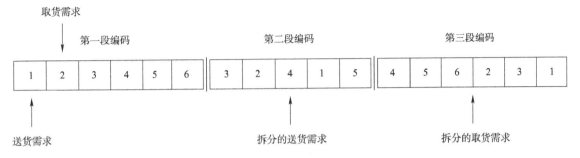

图 5-5 编码示意图

车辆 k 对于第三段编码的访问与第二段编码同理,当车辆 k 超载时,结束第三段编码,形成一条车辆路径。

为方便理解,基于图 5-5 进行举例。如图 5-6 所示,3 个配送点为 A、B、C,其中第一段编码 $(1,2)$、$(3,4)$、$(5,6)$ 表示 A、B、C 三个配送点,1、3、5 为送货需求的虚拟配送点,2、4、6 为取货需求的虚拟配送点。根据拆分规则形成 5 个送货需求、6 个取货需求。第二段编码中 1、2 表示 A 点的送货需求,3 表示 B 点的送货需求,4、5 表示 C 点的送货需求。第三段同理,1、2 为 A 点的取货需求,3、4 为 B 点的取货需求,5、6 为 C 点的取货需求。假设车辆 k_1 满足第二段编码中 3、2、4 点的送货需求与第三段编码中 4、5、6 点的取货需求,剩下需求可以被车辆 k_2 满足。则两辆车的路径如下 (0 表示配送中心,下标 D、P 表示送货需求、取货需求):

$k_1: 0-B_D-B_P-A_D-C_D-C_P-0$

$k_2: 0-A_D-A_P-C_D-B_P-0$

图 5-6 解码示意图

2) 扰动策略

对于新个体的产生方法,在 SAA 中,需要不断地产生新个体,采用什么样的策略产生新个体,关系到此算法的搜索能力问题。对于 SVRPPD 问题的求解运用四种方法:

(1) 随机数 (Random)

对于第一段编码运用 $[0,1]$ 之间随机数进行随机拆分,从而产生新的第二段编码与第三段编码。

(2) 交换(Swap)

对于第二段和第三段编码,如图5-7a)所示,将配送点 i 和 j 的位置互换,产生新的解。例如一个解的编码 $s=4-\boxed{1}-3-\boxed{2}-5$,交换配送点1与2,产生新解 $s'=4-\boxed{2}-3-\boxed{1}-5$。

(3) 插入(Insert)

对于第二段和第三段编码,如图5-7b)所示,将配送点 i 当前位置移动到另一个位置。产生新解。例如 $s=4-\boxed{1}-3-2-5$,将配送点1从当前的2号位置移动到4号位置。产生新解 $s'=4-3-2-\boxed{1}-5$。

(4) 2-opt

如图5-7c)所示,对于第二段和第三段编码中同一路径上的两个配送点 i 和 j,在解 s 中的位置分别为 p_i 与 $p_j(p_i<p_j)$。2-opt 是指将 p_i+1 位置上的配送点与 j 交换,并将 p_i+1 和配送点 j (不包括 p_i+1 位置上的配送点和配送点节点 j)之间的客货节点按逆序访问。例如,$s=4-\boxed{1}-3-2-5-\boxed{8}-6-\boxed{7}-9-10-\boxed{12}-11$,对两条路径分别通过2-opt 优化后,新解 $s'=4-1-8-5-2-3-6-7-12-10-9-11$。

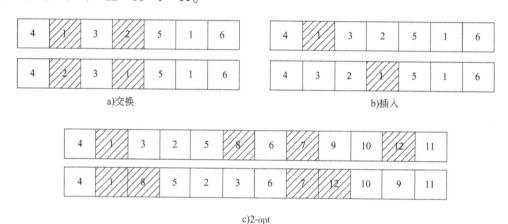

图5-7 扰动策略图

采用四种策略生成新个体,可以大大提高新个体的适应度,从而使 SAA 的局部搜索能力再次得到提高,并能更快地找到最优个体,避免了基本模拟退火算法运算时间长的缺点。

5.3.3.4 SAA 对 SVRPPD 的基本流程

步骤1:初始化各种参数:初始温度 et,结束温度 ft,降温速率 st,内部迭代次数 it 等;

步骤2:采用非0自然数编码,随机生成初始解 s,s 代表一个染色体;

步骤3:调用退火算法,初始化马尔科夫链的长度 L;

步骤3.1:记录当前个体的路径距离;

步骤3.2:进入内循环,即马尔科夫链的循环;

步骤3.2.1:用四种策略产生三个临时个体,将距离最小的个体作为新个体;

步骤3.2.2:对新产生的个体进行可行性检验;

判断是,则接受当前新个体;否则舍弃新个体,转到步骤3.2.1;

步骤3.2.3：计算新产生的个体与前一代中个体的路径距离之差Δt；

步骤3.2.4：判断$\Delta t<0$；

判断是，则接受当前新个体；否则以概率$\exp(-\Delta t/et)$接受当前新个体；

步骤3.2.5：转到步骤3.2.1，继续循环，直到满足it小于设定值结束条件，跳出内循环；

步骤3.3：当前温度减温，$et=et\times st$；

步骤3.4：判断当前个体的路径距离==前一代路径距离；

判断是，则$same=same+1$；否则$same=0$；

步骤3.5：判断$same=10 \parallel et<ft$；

判断是，则结果外循环；否则跳转到步骤3.1；

步骤4：输出最好个体的路径及路径距离。

5.3.3.5 算例求解与分析

为测试SAA的性能，本书在MATLAB 2016B中编程，并使用Inter® Core™ i5-1035G1 CPU 1.19GHz计算机系统在Windows 10上执行，该系统具有16GB内存，平均每个算例运行时间为10秒。将SAA的求解结果与现有国内外关于SVRPPD研究的几篇文献中的结果进行了对比。使用的数据是文献中的算例，算例共包含5套数据集，110个问题。算例中的两点间行驶距离是按照如下两种方式生成的：

情形1：任意两点i、j间行驶距离C_{ij}相等且对称，且$C_{ij}=10$，$c_{ii}=\infty$，$\forall i,j,j>i$。

情形2：任意两点i、j间行驶距离C_{ij}不相等且对称，且$C_{ij}=9+j-i$，$c_{ii}=\infty$，$\forall i,j,j>i$。

显然，上面两种情形下的两点间距离满足三角不等式。文献[53]提出的两个构造型启发式算法SM、NH，文献[51]运用的CDA构造型启发式算法，文献[46]提出的YH构造型启发式算法，以及本章提出的SAA现代启发式算法在车辆使用数无限制时的计算结果如表5-5所示。在表中第4列，最小车辆使用数在情形1和2下的实际车辆使用数分别用"/"隔开。其中D_j为配送点j处的送货需求，R_j为配送点j处的取货需求，V为使用的车辆数，C_{SM}为SM启发式算法行驶距离，C_{NH}为NH启发式算法行驶距离，C_{YH}为YH启发式算法行驶距离，C_{CDA}为CDA启发式算法行驶距离，C_{SAA}为SAA行驶距离。

实验中的参数设置为：初始温度$et=100$；降温速度$st=0.998$；终止温度$ft=0.1$；内部迭代次数$it=1150$。

从表5-5中可以看出，在行驶距离方面，SAA对于两点间距离矩阵采用情形2生成的标准算例计算效果较好，全部达到了目前最好结果。这说明SAA对于配送点节点较为分散情况效果更好。而对于情形1的55个算例有35个达到最好结果，这说明针对配送点分布均匀的情况也有较好的结果。由此可见，SAA计算结果无论是解决配送点分散还是配送点分布均匀，都能够使行驶距离保持在较低的水平。这得益于SAA特有的编码方式以及接受较差解的运行模式。传统的"先聚类、后路径"的两阶段启发式算法以及在此基础上改进的CDA，对于配送点节点分布呈现簇状的情况较好，而当配送点节点比较分散时，其优势就不明显了。设计SAA求解SVRPPD问题的编码规则来描述可行解，引入对编码的一系列操作来优化可行解，能够使产生的每代可行解更加随机、多样，从而避免了SAA陷入局部最优，得到全局最优解。

表 5-5 算法结果对比表

S	D_j	R_j	V	Case1 C_{SM}	Case1 C_{NH}	Case1 C_{YH}	Case1 C_{CDA}	Case1 C_{SAA}	Case2 C_{SM}	Case2 C_{NH}	Case2 C_{YH}	Case2 C_{CDA}	Case2 C_{SAA}
1	1	1	2/2/2/2	210	210	210	210	210	247	263	247	245	245
	5	5	10/10/10/10	290	290	290	290	290	479	515	479	461	461
	10	10	19/19/19/19	380	380	380	380	380	722	722	722	722	722
	15	15	29/29/29/29	670	710	670	670	670	1201	1303	1201	1183	1183
	20	20	38/38/38/38	760	760	760	760	760	1444	1444	1444	1444	1444
	5	1	10/10/10/10	290	290	290	290	290	479	515	479	461	461
	10	1	19/19/19/19	380	380	380	380	380	722	722	722	722	722
	10	5	19/19/19/19	380	380	380	380	380	722	722	722	722	722
	15	1	29/29/29/29	670	750	670	670	670	1201	1365	1201	1183	1183
	15	5	29/29/29/29	670	750	670	670	670	1201	1365	1201	1183	1183
	15	10	29/29/29/29	670	710	670	670	670	1201	1321	1201	1183	1183
	20	1	38/38/38/38	760	760	760	760	760	1444	1444	1444	1444	1444
	20	5	38/38/38/38	760	760	760	760	760	1444	1444	1444	1444	1444
	20	10	38/38/38/38	760	760	760	760	760	1444	1444	1444	1444	1444
	20	15	38/38/38/38	760	760	760	760	760	1444	1444	1444	1444	1444
	1	5	10/10/10/10	290	290	290	290	290	479	515	479	461	461
	1	10	19/19/19/19	380	380	380	380	380	722	722	722	722	722
	1	15	29/29/29/29	920	750	670	670	670	1538	1383	1201	1183	1183
	1	20	38/38/38/38	1110	760	760	760	760	1939	1444	1444	1444	1444
	5	10	19/19/19/19	380	380	380	380	380	722	722	722	722	722
	5	15	29/29/29/29	1040	750	870	670	670	1612	1383	1325	1183	1183
	5	20	38/38/38/38	1270	760	1040	760	760	2013	1444	1763	1444	1444
	10	15	29/29/29/29	1030	710	670	670	670	1557	1303	1201	1183	1183
	10	20	38/38/38/38	760	760	760	760	760	1444	1444	1444	1444	1444
	15	20	38/38/38/38	1310	760	760	760	760	1995	1444	1444	1444	1444

续上表

5 农村上下行物流车辆路径优化

S	D_j	R_j	V	Case1					Case2				
				C_{SM}	C_{NH}	C_{YH}	C_{CDA}	C_{SAA}	C_{SM}	C_{NH}	C_{YH}	C_{CDA}	C_{SAA}
2	$D_1=5$	1	27/27/28/29	690	710	630	680	680	1295	1379	1281	1259	1243
	$D_j=D_{j-1}+1$ $\forall j \geq 2$	5	27/27/28/29	690	710	630	680	680	1295	1379	1282	1259	1243
		10	27/27/28/29	760	700	700	680	680	1349	1442	1332	1259	1243
	$D_1=10$	5	37/37/37/37	890	890	820	850	850	1685	1773	1682	1639	1639
	$D_j=D_{j-1}+1$ $\forall j \geq 2$	10	37/37/37/37	890	870	820	850	850	1685	1719	1682	1639	1639
		15	37/37/37/37	940	900	830	860	860	1739	1818	1736	1650	1650
	$D_1=15$	10	46/46/47/48	1070	1080	1010	1060	1060	2017	2119	2001	1981	1970
	$D_j=D_{j-1}+1$ $\forall j \geq 2$	15	46/46/47/48	1070	1080	1010	1060	1060	2017	2146	2001	1981	1970
		20	46/46/47/48	1150	1070	1050	1060	1060	2071	2191	2050	1981	1970
3	1	$R_1=5$	27/27/28/29	830	710	670	680	680	1445	1397	1521	1259	1243
	5	$R_j=R_{j-1}+1$ $\forall j \geq 2$	27/27/28/29	910	710	830	680	680	1501	1397	1609	1259	1243
	10	$R_1=10$	27/27/28/29	860	700	770	680	680	1500	1397	1609	1259	1243
	5	$R_j=R_{j-1}+1$ $\forall j \geq 2$	37/37/37/37	1160	890	1040	850	850	1940	1791	1923	1639	1639
	10	$R_1=15$	37/37/37/37	1140	870	820	850	850	1928	1719	1658	1639	1639
	15	$R_j=R_{j-1}+1$ $\forall j \geq 2$	37/37/37/37	1090	900	1050	860	860	1899	1746	1983	1650	1650
	10	$R_1=15$	46/46/47/48	1260	1080	1060	1060	1060	2212	2119	2017	1981	1970
	15	$R_j=R_{j-1}+1$ $\forall j \geq 2$	46/46/47/48	1360	1080	1210	1060	1060	2294	2155	2252	1981	1970
	20		46/46/47/48	1310	1070	1150	1060	1060	2289	2137	2331	1981	1970
4	$D_1=5$	$R_1=1$	27/27/28/29	690	720	630	660	660	1295	1436	1296	1259	1243
	$D_j=D_{j-1}+1$ $\forall j \geq 2$	$R_j=R_{j-1}+1$ $\forall j \geq 2$											
		$R_1=5$	27/27/28/29	690	700	630	680	680	1295	1370	1279	1259	1243
		$R_j=R_{j-1}+1$ $\forall j \geq 2$											
		$R_1=10$	37/37/37/37	1350	930	830	850	850	2177	1859	1684	1639	1639

续上表

S	D_j	R_j	V	Case1 C_{SM}	C_{NH}	C_{YH}	C_{CDA}	C_{SAA}	Case2 C_{SM}	C_{NH}	C_{YH}	C_{CDA}	C_{SAA}
4	$D_1=10$	$R_1=5$	37/37/37/37	890	930	820	850	850	1685	1823	1674	1639	1639
	$D_j=D_{j-1}+1$ $\forall j \geq 2$	$R_j=R_{j-1}+1$ $\forall j \geq 2$											
		$R_1=5$	37/37/37/37	890	870	820	850	850	1685	1710	1639	1639	1639
		$R_j=R_{j-1}+1$ $\forall j \geq 2$											
		$R_1=10$	46/46/47/47	1590	1090	1010	1060	1060	2525	2165	2073	1981	1970
		$R_j=R_{j-1}+1$ $\forall j \geq 2$											
		$R_1=15$	46/46/47/47	1070	1090	1010	1060	1060	2017	2165	2001	1981	1970
		$R_j=R_{j-1}+1$ $\forall j \geq 2$											
	$D_1=15$	$R_1=10$	46/46/47/48	1070	1070	1010	1060	1060	2017	2110	2001	1981	1970
	$D_j=D_{j-1}+1$ $\forall j \geq 2$	$R_j=R_{j-1}+1$ $\forall j \geq 2$											
		$R_1=15$	56/56/56/56	1830	1310	1210	1230	1230	2979	2561	2406	2361	2361
		$R_j=R_{j-1}+1$ $\forall j \geq 2$											
		$R_1=20$	56/56/56/56	1270	1280	1200	1230	1230	2407	2487	2361	2361	2361
		$R_j=R_{j-1}+1$ $\forall j \geq 2$											
5	$D_1=20$ $D_j=D_{j-1}+1$ $\forall j \geq 2$	$R_1=20$ $R_j=R_{j-1}+1$ $\forall j \geq 2$	65/65/66/68	1450	1470	1390	1440	1440	2739	2856	2723	2703	2680
	$D_1=25$	$R_1=25$											

续上表

S	D_j	R_j	V	Case1					Case2				
				C_{SM}	C_{NH}	C_{YH}	C_{CDA}	C_{SAA}	C_{SM}	C_{NH}	C_{YH}	C_{CDA}	C_{SAA}
5	$D_j = D_{j-1}+1$, $\forall j \geq 2$; $D_1=30$; $D_j = D_{j-1}+1$, $\forall j \geq 2$	$R_j = R_{j-1}+1$, $\forall j \geq 2$; $R_1=30$; $R_j = R_{j-1}+1$, $\forall j \geq 2$	75/75/75/75	1650	1650	1580	1610	1610	3129	3213	3083	3083	3083

5.4 本章小结

本章对共同配送模式与农村上下行物流模式进行描述，构建了共同配送模式下农村上下行物流车辆路径优化模型（SVRPPD）。此外，本章对精确算法、传统启发式算法、现代启发式算法中各类算法的优缺点进行了汇总。提出了求解 SVRPPD 的竞争决策算法（CDA）和模拟退火算法（SAA）。SAA 结合 SVRPPD 问题中配送点具有送取需求可拆分的特点，设计了一种非零自然数三段式编码，有效地减少了不可行解的产生，同时通过四种扰动策略提高了算法的局部、全局的搜索能力和搜索效率。

6 车货匹配问题

随着货运量和运营车辆数量的持续增长,我国的货运市场面临着车源和货源信息不兼容、车货匹配效率低、车货匹配时间长、回程运输货物难找等问题,这些问题限制了公路货运市场的发展。为了解决货运中存在的上述问题,研究货运车辆和货物之间的匹配问题就显得尤为必要。

虽然我国有大量的货运代理公司和个体运输经营者,但大多数公司仍然是依靠由货主要求送货产生运输需求的货找车的传统经营模式,其服务管理水平仍然与货运的快速发展不相适应。本章讨论了货运中车辆与货物匹配的相关问题,建立了车选货和货选车的双级匹配指标系统和匹配模型。

6.1 物流信息服务平台概述

在我国,已出现了百余家有代表性的大型车货信息服务平台。按行业划分,可以分为农产品、医疗设备、日用品、化学品、原料等行业的车货信息服务平台。按运输类型划分,可以分为水运、陆运和空运等车货信息服务平台。按服务区域划分,可根据服务区域的大小,分为国际、国内、省、市、县、乡级车货信息服务平台。按建设主体划分,可分为物流协会、物流企业、交通部门、经济部门等车货信息服务平台。按政府和企业的参与程度,主要有政府主导型、企业主导型以及政企合作型车货信息服务平台。

目前我国具有代表性的八个典型的车货信息服务平台有:阿里巴巴物流服务平台、北京物流公共信息平台、上海航运交易平台、国家交通运输物流公共信息平台、航空物流信息服务平台、云南智慧交通运输物流公共信息平台、物流中国平台和八挂来网平台。表6-1 为以这八个平台为代表的我国车货匹配信息服务平台的现状。

我国车货匹配信息服务平台汇总　　表6-1

平台类型	平台名称	主要功能	附属功能
货物跟踪型	阿里巴巴物流服务平台	物流交易	搜索和发布货源和车源信息,在线发货,对路线、网点和其他信息的查询
		物流金融	货运保险
物流交易型	北京物流公共信息平台	物流资讯	包括政府的各类通知和新闻、行业的发展动向、相关法律法规等
		物流交易	货源与车源的信息中心、招投标服务
		物流金融	货源保险

续上表

平台类型	平台名称	主要功能	附属功能
信用服务型	上海航运交易平台	航运诚信体系	打造航运及辅助业务诚信体系,维护其市场公平性,制定运价备案制度,完善通关服务平台
		航运交易	规范交易,协调价格,完善买卖服务平台
数据交换型	国家交通运输物流公共信息平台	基础交换网络服务	数据交换、服务交换
		公共应用	物流信息跟踪记录、公共信息管理、行业信息监测与管理、物流资源控制以及信用共享
		物流软件	普运、小件快件、集装箱、仓储、国际货代等
	航空物流信息服务平台	数据交换	行业数据整合交换
		信息查询	跟踪物流信息等
综合型	云南智慧交通运输物流公共信息平台	物流资讯	政府、社会、行业的最新新闻和动向,行业的发展、相关法律法规等
		物流交易	招标投标、相关信息发布、完成交易支付等
		物流服务	为货运车辆查找停车场、加油站、仓库等
		物流查询	为货运车辆出行提供天气查询、路况播报、违章提醒等,进行货物信息查询、车辆查询等
		物流交换	物流交换的相关标准和说明,交换主体等
		物流金融	个人或企业的贷款,车辆、司机、货物等的保险
车货匹配型	物流中国平台	物流交易	公路配货、货运服务
		信息服务	供应链集成服务
	八挂来网平台	物流交易	提供车货源信息服务

6.2 车货匹配简介

车货匹配是指出于一定的目标将运输车辆分配给相应的货物。目前,中国的公路货运车货匹配主要有三种方法:

(1) 车货直接对接匹配模式

在这种模式下,货物的转移是通过货源方和车源方之间的直接联系进行的,适用范围主要以独立的承运人、小型和微型企业(包括个体经营者)为主。其模式如图 6-1 所示。

(2) 货运专线对接匹配模式

在这种模式下,货主委托第三方专线公司作为中间人与合适的车辆进行匹配,第三方根据

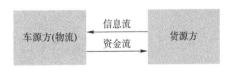

图 6-1 车货直接对接匹配模式

收到的信息制定货运路线。货主和车主需要与专线公司管理者联系,以实现信息、物流和资本流的转移。其模式如图6-2所示。

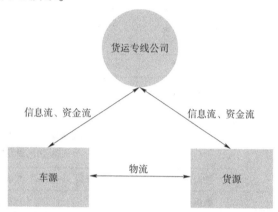

图6-2 货运专线对接匹配模式

(3)物流信息平台车货匹配模式

在这种模式下,货主和运输公司在物流信息平台上通过信息的交互,实现车货匹配。其模式如图6-3所示。

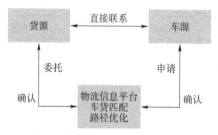

图6-3 物流信息平台车货匹配模式

目前,大多数国家物流信息平台的主要功能是发布货源和车辆的信息。货物和车辆所有者在平台上发布信息,他们自由选择合作伙伴。平台的主要盈利方式是收取"信息费"或"会员费"。

6.3 公路货运配货平台

面对货运市场上车货源信息割裂、车货匹配技术条块分割等问题,车货供需矛盾亟待解决,货运O2O平台由此诞生。O2O平台是指通过互联网提供车源、货源信息,从而为车源、货源合作提供实际条件的平台。目前,主要的货运配货平台有来回物流网、物流中国、货车帮、货拉拉等。

6.3.1 物流中国配货平台

物流中国是公路货运采购平台之一,能够发布车辆和货运来源的最新消息,并允许双方在一段时间内查看他们可能要寻找的合作伙伴。在电脑端口上的车源、货源信息如图6-4、图6-5所示。

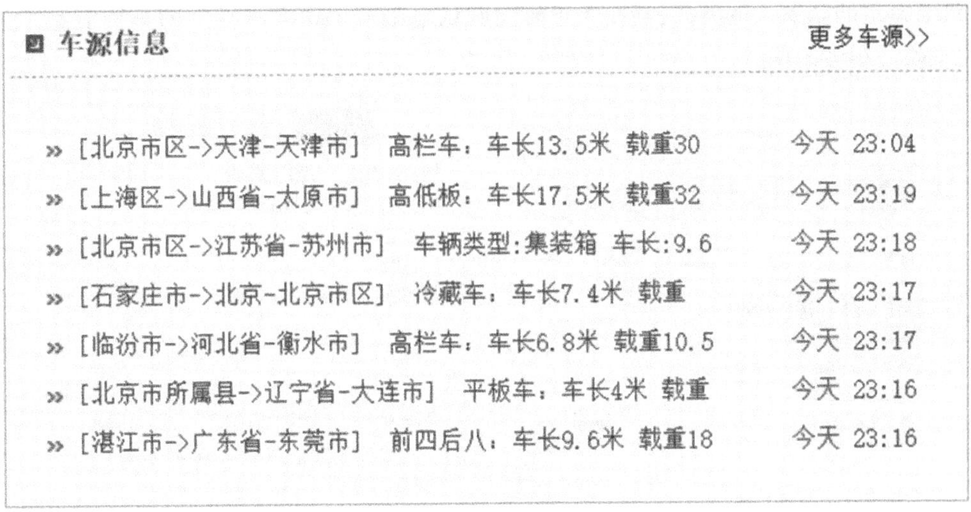

```
□ 车源信息                                              更多车源>>

 »  [北京市区->天津-天津市]    高栏车；车长13.5米 载重30       今天 23:04
 »  [上海区->山西省-太原市]    高低板；车长17.5米 载重32       今天 23:19
 »  [北京市区->江苏省-苏州市]   车辆类型:集装箱 车长:9.6       今天 23:18
 »  [石家庄市->北京-北京市区]   冷藏车；车长7.4米 载重         今天 23:17
 »  [临汾市->河北省-衡水市]    高栏车；车长6.8米 载重10.5      今天 23:17
 »  [北京市所属县->辽宁省-大连市] 平板车；车长4米 载重          今天 23:16
 »  [湛江市->广东省-东莞市]    前四后八；车长9.6米 载重18      今天 23:16
```

图 6-4　车源信息

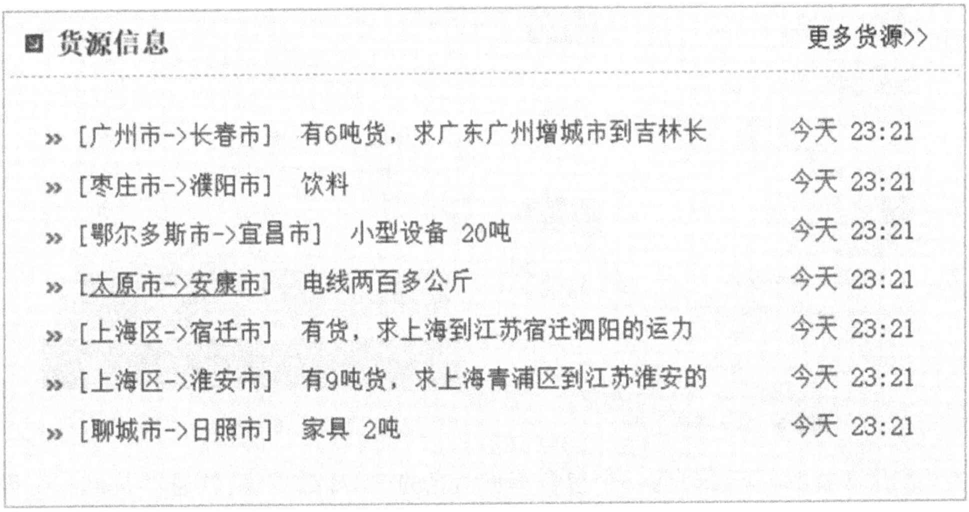

```
□ 货源信息                                              更多货源>>

 »  [广州市->长春市]    有6吨货，求广东广州增城市到吉林长       今天 23:21
 »  [枣庄市->濮阳市]    饮料                                今天 23:21
 »  [鄂尔多斯市->宜昌市] 小型设备 20吨                       今天 23:21
 »  [太原市->安康市]    电线两百多公斤                       今天 23:21
 »  [上海区->宿迁市]    有货，求上海到江苏宿迁泗阳的运力        今天 23:21
 »  [上海区->淮安市]    有9吨货，求上海青浦区到江苏淮安的       今天 23:21
 »  [聊城市->日照市]    家具 2吨                             今天 23:21
```

图 6-5　货源信息

已经在电脑端口注册的车主和货主能够登录互联网平台查询货源和车源数据，并点击相应的按钮，调出应用程序聊天界面，咨询特定主题。该平台使得车源和货源之间的信息共享有了很大的进步，由于该平台不具备车辆和货物信息的自动匹配功能，司机和货主不得不花费大量精力在平台上搜索车辆和货物信息，打电话或发信息。

6.3.2　货车帮 App 配货平台

货车帮是为卡车运输业设计的车货匹配平台，为车主和货主提供全面的信息和在线服务。该平台要求车主和货主将信息上传至应用程序。注册账户后，车主和货主可以在登录屏幕上看到最新的货运新闻，并根据车型和长度等匹配标准自行搜索他们感兴趣的合作伙伴车辆，然后进入装载页面。车主的界面见图 6-6，货主的界面见图 6-7。这种必须通过手动查找货物信息,并致电特定的联系人的方式,需要大量时间确认电脑或手机客户端上的车货信息,对使用者来说浪费了很多时间。

图6-6　货车帮车主界面　　　　　图6-7　货车帮货主界面

本章利用车货匹配算法创建一个包含车货信息的 Excel 数据表,并通过 Matlab 编程在最短的时间内找到车货源双方的最佳匹配,然后直接推送给车主和货主,省去他们自己寻找和信息确认的时间。

6.4　车货匹配模型的建立

6.4.1　供需匹配的各因素分析

(1)货源方

货源方是拥有货物的一方,即有权使用、拥有并从其拥有的货物中获益的个人和公司。货源方应在分销平台上公布货物来源信息(即要运输的货物信息)。关于货物的信息应特别包括货物的类型、货物的重量和货物的体积。

(2) 车源方

车源方是指拥有车辆来源的一方,具体是指有权使用货运车辆资源的公司或个人,有对货运的需求并提供运输服务。一般指货运司机或货运车辆的所有者,运输物流类的公司。车辆来源状态主要包括车辆的类型、标称重量、车长。

(3) 行车路线及方向

当车辆提供运输服务时,考虑到运输成本,车辆必须在完成任务的前提下按照最优行驶路线行驶。

(4) 运价

运价是由市场供需关系决定的。为了赚取利润,车源方希望获取更多的利润,货源方则希望支付最低的费用,最终博弈平衡的价格就是运输的市场价格。

(5) 实载率

实载率是指车辆的实际载重量与额定载重量的比率,其值越高,车辆利用率越高。

(6) 运输时间

运输时间是指车辆在途运输的时间。

(7) 车辆空驶率

空驶率是指空驶里程在车辆总运行里程中所占的比例。空驶率越高,说明车辆使用的效果不够理想;空驶率越高,说明在同样的行驶里程中营业成本加大,营业收入减少,企业的利润随之减少。

(8) 车辆与货物类型

负载的类型必须与车辆类型相适应。公路运输的典型车辆类型是传统卡车、拖车和特种车辆。普通货物可以用普通车辆运输,但危险品、化学品货物需要专用的车辆进行装卸和运输。

6.4.2 供需匹配原则

公路货运中的车货匹配是指整合不同类型的物流资源,制定完整一致的技术标准和操作规范,以车辆和货物的供需为基础,快速实现车货匹配的目标。在设计车货匹配算法时,应考虑以下原则。

(1) 目标导向原则

车辆和货物运输供需匹配需要进行信息的展示和比较,使最终的匹配结果尽可能接近车源方、货源方各自的目标要求,提高双方的满意度,同时为双方的进一步合作打下基础。

(2) 规范化运作原则

应建立合理的车货匹配指标作为标准规范,车货匹配算法按照此标准设计,减少匹配结果的误差。

(3) 系统整体优化原则

车辆与货物供需匹配还要考虑到车主、货主和平台运营商等因素。因此,在审查和设计车与货的匹配指标时,需要通过电话调查和访谈的方法,充分、全面地考虑各类指标在实际情况中的重要程度,并按照既定的权重计算方法赋予其不同的权重,以达到整个系统的最佳效果。

(4)经济性原则

车货匹配的经济性要求匹配的方法合理、高效、便捷,避免复杂化。

(5)兼容性原则

车货匹配算法不仅要为车辆和货物提供快速的车货匹配服务,而且算法设计过程中还应该符合国家政策、货运市场的要求。

(6)先进性原则

制定的协调算法应该包含改进的空间,即时适应外部条件的变化。

6.4.3 车货供需匹配步骤分析

在供需匹配问题中,车货供需匹配的核心是以车源方为主和以货源方为主选择对方的过程。在本书中我们分别建立了以车源方为主和以货源方为主的匹配模型。

(1)在以货源方为主的匹配模型中,目标函数为匹配程度,根据匹配指标计算已发布车源信息对货源方的匹配度,选出匹配度最高的车源,进行交易。如果匹配度最高的车源由于一些客观因素无法完成交易,将选择匹配度次高的车源进行合作。

(2)在以车源方为主的匹配模型中,目标函数为匹配程度,根据匹配指标,计算已发布货源信息对车源的匹配度,以选出匹配程度最高的货源来进行交易。如果匹配程度最高的发货人因某些情况不能完成交易,应选择另一个匹配程度最高的发货人进行合作。

6.4.4 车货供需匹配流程

想要实现车货的快速匹配,车货匹配流程的合理性是非常重要的。本章设计的车货匹配流程如图6-8所示。

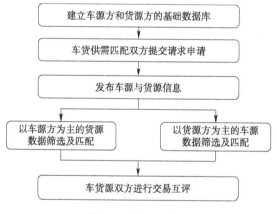

图6-8 车货匹配流程

6.5 车货匹配算法的设计

本章在多目标排序法的基础上设计一种改进的多目标排序匹配算法。多目标排序法首先将所有目标按其重要性进行排序,根据最重要的目标筛选出一些符合条件的备选方案,然后根据第二重要的目标从上一目标的备选方案中再选择一些备选方案,以此类推,最终获得最佳方案。

多目标排序匹配算法是将指标体系构建为一级和二级筛选因素,首先根据一级匹配指标排除不合格的匹配方案,然后再根据二级匹配指标筛选合格的方案。与多目标排序法不同的是,该算法要根据匹配目标计算各方案的匹配度,按照匹配度的高低顺序进行车源和货源的筛选。

具体流程如下:

(1)因为车货源双方所考虑的因素不相同,故在建立供需匹配模型时需根据双方不同的要求设定两套不同的评价指标体系,即分别建立车选货匹配模型和货选车匹配模型。

(2)本节建立的车货匹配指标系统主要分为两个层面,分别为主要匹配指标层和附属匹配指标层,主要匹配指标是指决定性指标。首先依据主要指标进行方案的筛选,剔除不符合主要指标的方案,符合主要指标的方案直接进入下一步附属指标的筛选。主要匹配指标由车型、车长、货物体积、货物重量、车辆到达取货点时间等构成。

(3)对符合主要匹配指标的车货源信息,进行附属匹配指标的选择,按照匹配度值从高到低进行排序。附属匹配指标有车长符合度、实载率、成本符合度、体积符合度、资信水平等。

6.6 以货源方为主的匹配算法

6.6.1 主要匹配指标

(1)车型匹配指标

$$Q_1 = \begin{cases} 1, 车源方可提供的车辆车型 = 货源方要求车辆类型 \\ 0, 车源方可提供的车辆车型 \neq 货源方要求车辆类型 \end{cases} \quad (6-1)$$

Q_1 表示车源方提供的车辆类型与货源方要求的类型不一致,指标值为0,排除资料信息;若一致,指标值为1,保留资料信息。

(2)重量匹配指标

$$Q_2 = \begin{cases} 1, 待运输货物重量与车辆额定载重的比值在 0 \sim 1 之间 \\ 0, 待运输货物重量与车辆额定载重的比值大于 1 \end{cases} \quad (6-2)$$

Q_2 表示已发布的货源数据中待运货物的质量与可显示的车源的车辆额定载重之间的比率大于1时,指标值为0,排除资料信息;若比值在 $0 \sim 1$ 之间,则指标值为1,保留资料信息。

(3)车长匹配指标

$$Q_3 = \begin{cases} 1, 货源方要求车长与车辆车长的比值在 0 \sim 1 之间 \\ 0, 货源方要求车长与车辆车长的比值大于 1 \end{cases} \quad (6-3)$$

Q_3 表示货源信息中需要的车辆长度与车源信息中提供的车辆长度之间的比率大于1时,则指标值为0,排除资料信息;若在 $0 \sim 1$ 之间,则指标值为1,保留资料信息。

(4) 体积匹配指标

$$Q_4 = \begin{cases} 1, 待运输货物体积与车辆容积的比值在0~1之间 \\ 0, 待运输货物体积与车辆容积的比值大于1 \end{cases} \quad (6-4)$$

Q_4 表示货源方要运输的货物体积与能提供的车辆容积之间的比率大于1时,指标值为0,排除资料信息;若在0~1之间,则指标值为1,保留资料信息。

(5) 到达取货点时间匹配指标

$$Q_5 = \begin{cases} 1, 车辆到达取货点的时间与指定时间的比值在0~1之间 \\ 0, 车辆到达取货点的时间与指定时间的比值大于1 \end{cases} \quad (6-5)$$

Q_5 表示车源方车辆到达提货点的时间与货源方指定的时间之比大于1时,指标值为0,排除资料信息;若在0~1之间时,则指标值为1,保留资料信息。

其中,车源方车辆从出发行驶到提货点的时间=车辆与取货点的距离/车辆的速度;货源方指定时间指货源方要求车辆从出发行驶到提货点进行装货前的空余时间段。

(6) 成本匹配指标

①对于某地专门从事拉货的车主来说,当他们准备接活时,希望获得的利润越高越好。

$$Q_6 = \begin{cases} 1, 车辆完成任务的总成本 \leq 车源方的总收益 \\ 0, 车辆完成任务的总成本 > 车源方的总收益 \end{cases} \quad (6-6)$$

Q_6 表示车辆完成任务没有收益时,指标值为0,删除资料信息;若有收益,则指标值为1,保留资料信息。

②对于车主经过的沿途的货源来说,如果恰好能够运送某批货物,只要发现可以降低成本,他们也愿意合作。

$$Q_7 = \begin{cases} 1, 车辆完成任务的总成本 \leq 车源方的总收益 \\ 0, 车辆完成任务的总成本 > 车源方的总收益 \end{cases} \quad (6-7)$$

Q_7 指标值为1,表示对于沿途的车辆,为降低成本,即使车辆利润率很小,也要保持车辆资料信息。

6.6.2 附属匹配指标

(1) 实载率

$$P_1 = \frac{X'}{X} \quad (6-8)$$

式中:X'——现实中所装货物的重量;
X——车辆的额定载重。

(2) 车长匹配度

$$P_2 = \frac{L'}{L} \quad (6-9)$$

式中:L'——货源方要求的车辆长度(m);
L——车源方提供的车辆长度(m)。

若该比值大于1,说明车源车长不符合要求,这条信息就要删除;若该比值介于0~1之间,这条信息就要保留。

(3)体积符合度

$$P_3 = \frac{V'}{V} \tag{6-10}$$

式中:V'——需运输的货物体积;

V——车辆容积。

若该比值大于1,说明车源车长不符合要求,这条信息就要删除;若该比值介于0~1之间,这条信息就要保留。

(4)成本符合度

$$P_4 = \frac{C}{F_1} \tag{6-11}$$

成本符合度表示车源方的总成本与收益的比值,若比值大于1,这条车源信息就要被除掉,若介于0~1之间保留信息,越趋近于0表明车源方的收益越高,越接近于1表示车源方的成本越高。

$$B_1 = b_1 + \mu_1 l + \mu_2 t_2 + \mu_3 t_3 \tag{6-12}$$

$$H_1 = h_1 X' \tag{6-13}$$

式(6-12)、式(6-13)中符号含义如表6-2所示。

符 号 含 义　　表6-2

符号	含 义
b_1	完成一次运输任务的固定成本(元),由过(路)桥费、油费、驾驶员的工资等构成
μ_1	车辆执行运输任务时,平均每公里的运输成本(元/km)
μ_2	车辆提前到达取货点等待时的机会损失费用(元/min)
μ_3	车辆延时到达取货点处的延迟惩罚费用(元/min)
l	取货点到终点的路径距离(km)
t_2	运输车辆提前到达取货点处的等待时间(min)
t_3	运输车辆延迟到达取货点处的延迟时间(min)
B_1	运输车辆完成一次任务的总成本(元)
h_1	运输车辆完成送货任务的运费(元/t·km)
H_1	车辆完成送货任务的收入(元)
X'	运输货物的重量(t)

(5)时间符合度

$$P_5 = \frac{t'}{t} \tag{6-14}$$

式中:t'——货源方希望车辆到达取货点的指定时间(h);

t——车源方车辆从出发到取货点需要的时间(h)。

若该比值介于0~1,说明货主希望到达所需时间小于车源方车辆能够到达所需时间,则这条车源信息就要被删除;若该比值大于1,则保留该条车源信息。

(6) 车源方信用水平

影响车源方信用水平的因素有：车辆完善性（执照齐全、设备齐备）、运输服务（车辆运输能力、车型与描述相符）、服务水平（准时送达、准确送达、货物运输完整性、服务态度）。

(7) 车源方资质水平

在货源方看来，服务质量越好，车源方的资质水平越高。政府监督机构对车主的资质进行评价。一般划分为4个级别，从一级到四级，一级代表资质水平最高，四级代表资质水平最差。数字越小代表资质水平越高。分级标准如表6-3所示。

车源方资质水平分级标准　　　　　　　　　　　　表6-3

一级	二级	三级	四级
1~0.8	0.8~0.6	0.6~0.4	<0.4

为了方便计算，需要对上述分级标准进行处理，假设 P_7 为车主资质水平，具体取值如表6-4所示。

车源方资质水平值　　　　　　　　　　　　表6-4

资质水平 P_7	一级	二级	三级	四级
级别	$0.8<P_7<1$	$0.6<P_7<0.8$	$0.4<P_7<0.6$	$0<P_7<0.4$
分数	0.9	0.7	0.5	0.3

6.6.3 目标函数的确定

在主要指标选定后，运用附属指标筛选符合条件的车辆，建立的目标函数为：

$$QS = \lambda_1 P_1 + \lambda_2 P_2 + \lambda_3 P_3 + \lambda_4 P_4 + \lambda_5 P_5 + \lambda_6 P_6 + \lambda_7 P_7 \tag{6-15}$$

式中：QS——匹配度，即待选车源方各指标的加权和；

λ_1——实载率权重系数；

λ_2——车长符合度权重系数；

λ_3——体积符合度权重系数；

λ_4——成本符合度权重系数；

λ_5——时间符合度权重系数；

λ_6——车源方信用水平权重系数；

λ_7——车源方资质水平权重系数。

6.6.4 各因素权重系数的确定

权重系数的赋予比较主观，权重系数的科学性和准确性直接影响到货源方筛选车主和车源方筛选货主的匹配结果。本书应用层次分析法对以货源方为主的匹配模型中的各指标权重系数进行确定。层次分析法的思路和步骤是：

(1) 构建层次分析结构图

确定评价指标，根据影响因素间的关系将指标层次化，构造出有层次的结构模型（图6-9）。层次包括：目标层，即评价的最终目标；准则层，即中间层；方案层，评价底层实际的影响因素。

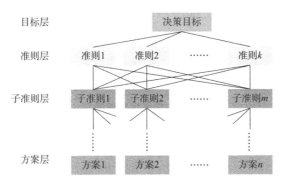

图6-9 层次结构模型

(2) 构造判断矩阵

判断矩阵指标间相对重要性及其赋值如表6-5所示。

标 度 含 义　　　　　　　　　　　　　　　表6-5

序 号	重要性等级	C_{ij}赋值
1	i,j两元素同等重要	1
2	i元素比j元素稍重要	3
3	i元素比j元素明显重要	5
4	i元素比j元素强烈重要	7
5	i元素比j元素极端重要	9
6	i元素比j元素不重要	1/3
7	i元素比j元素明显不重要	1/5
8	i元素比j元素强烈不重要	1/7
9	i元素比j元素极端不重要	1/9

(3) 计算各层次权重

① 求出判断矩阵每行元素的乘积为：

$$m_i = \prod_{j=1}^{n} a_{ij} \tag{6-16}$$

② 计算m_i的n次方根为：

$$\overline{W_i} = \sqrt[n]{m_i} \tag{6-17}$$

③ 对向量$\overline{W} = \left[\overline{W_1}, \overline{W_2}, \cdots, \overline{W_n}\right]^T$归一化处理得：

$$W_i = \frac{\overline{W_i}}{\sum_{j=1}^{n} \overline{W_j}} \tag{6-18}$$

则$W = [W_1, W_2, \cdots, W_n]^T$即为所求的特征向量。

④ 计算最大特征值$\lambda_{\max}$：

$$\lambda_{\max} = \sum_{i=1}^{n} \left[\frac{(AW)_i}{nW_i}\right] \tag{6-19}$$

式中：$(AW)_i$——向量 AW 的第 i 个元素。

（4）一致性检验

利用公式 $CI=(\lambda_{max}-n)(n-1)$ 求出一致性指标 CI。随机一致性指标 RI 用于评估判断矩阵的一致性。RI 值与判断矩阵阶数对应关系如表6-6所示。

随机一致性指标对照表　　　　表6-6

n	1	2	3	4	5	6	7	8	9
RI	0	0	0.58	0.90	1.12	1.24	1.32	1.41	1.45

利用公式 $CR=CI/R$ 计算一致性比率 CR。当 $CR<0.1$ 时,则判断矩阵通过一致性检验,可以将向量 W 中的分量作为权重;当 $CR>0.1$ 时,则表示没有通过检验,向量 W 中的分量不能作为权重,应修正判断矩阵,直到能满足一致性要求为止。

我们采用电话调研和问卷调查的方式对货源方进行调查,深入了解货源方在选择合作伙伴过程中关注的因素。通过整理总结分析调查问卷(调研问卷见附录2),得出以货源方为主的匹配模型中各指标相对权重结果,如表6-7所示。

以货源方为主的匹配模型中各指标权重调查结果　　　　表6-7

重要性等级	λ_1	λ_2	λ_3	λ_4	λ_5	λ_6	λ_7
λ_1	1	3	2	1/3	1/2	1	3
λ_2	1/3	1	1	1/5	1/3	1/2	1
λ_3	1/2	1	1	1/4	1/3	1/2	1
λ_4	3	5	4	1	2	3	3
λ_5	2	3	3	1/2	1	2	4
λ_6	1	2	2	1/3	1/2	1	2
λ_7	1/3	1	1	1/3	1/4	1/2	1

应用式(6-16)~式(6-18)运算得：$m_1=\prod_{j=1}^{7}a_{17}=1\times3\times2\times\frac{1}{3}\times\frac{1}{2}\times1\times3=3$，$\overline{W_1}=\sqrt[7]{m_1}=\sqrt[7]{3}$，同理计算得：$\overline{W_2}=\sqrt[7]{m_2}=\sqrt[7]{1/90}$，$\overline{W_3}=\sqrt[7]{m_3}=\sqrt[7]{1/48}$，$\overline{W_4}=\sqrt[7]{m_4}=\sqrt[7]{1080}$，$\overline{W_5}=\sqrt[7]{m_5}=\sqrt[7]{72}$，$\overline{W_6}=\sqrt[7]{m_6}=\sqrt[7]{4/3}$，$\overline{W_7}=\sqrt[7]{m_7}=\sqrt[7]{1/72}$，$\lambda_1=\overline{W_1}/(\overline{W_1}+\overline{W_2}+\overline{W_3}+\overline{W_4}+\overline{W_5}+\overline{W_6}+\overline{W_7})=0.139$，同理可得：$\lambda_2=0.0625$，$\lambda_3=0.068$，$\lambda_4=0.322$，$\lambda_5=0.219$，$\lambda_6=0.124$，$\lambda_7=0.065$。

所以：$\lambda_i=(0.139,0.0625,0.068,0.322,0.219,0.124,0.065)$，$(i=1,2,\cdots,7)$。

6.7 以车源方为主的匹配算法

6.7.1 主要匹配指标与附属匹配指标

这里采用的主要匹配指标有：货物类型匹配指标 Q'_1，重量匹配指标 Q'_2，车长匹配指标 Q'_3，体积匹配指标 Q'_4，到达取货点时间匹配指标 Q'_5，成本匹配指标 Q'_6、Q'_7。它们的含义分别与6.6节以货源方为主的匹配算法中的Q_1、Q_2、Q_3、Q_4、Q_5、Q_6、Q_7相同。

这里采用的附属匹配指标有:实载率P'_1、车长符合度P'_2、体积符合度P'_3、成本符合度P'_4、时间符合度P'_5、货源方资信水平P'_6。其中P'_1、P'_2、P'_3、P'_4、P'_5的含义分别与6.6节以货源方为主的匹配算法中的P_1、P_2、P_3、P_4、P_5相同。P'_6受货源信息的真实性(货物与描述相符、及时付款)以及服务水平(信息化水平、营业执照齐全和服务态度)影响。

6.7.2 匹配目标函数的确定

在主要指标确定后,运用附属指标继续选择符合条件的货主,构建的目标函数为:

$$QS' = \lambda'_1 P'_1 + \lambda'_2 P'_2 + \lambda'_3 P'_3 + \lambda'_4 P'_4 + \lambda'_5 P'_5 + \lambda'_6 P'_6 \tag{6-20}$$

式中:QS'——匹配度,即待选货源方各指标的加权和;

λ'_1——实载率权重;

λ'_2——车长符合度权重;

λ'_3——体积符合度权重;

λ'_4——成本符合度权重;

λ'_5——时间符合度权重;

λ'_6——货源方资信水平权重。

6.7.3 权重系数的确定

采用电话调研和问卷调查的方式对车源方进行调查,深入了解车源方在选择合作伙伴过程中关注的因素。调查的对象是车主和负责车货匹配的管理人员。对调查问卷(见附录3)进行总结和分析,得出了表6-8中的加权结果。

以车源方为主的匹配模型中各指标权重调研结果　　　　表6-8

重要性等级	λ'_1	λ'_2	λ'_3	λ'_4	λ'_5	λ'_6
λ'_1	1	4	5	1/2	1/2	5
λ'_2	1/4	1	1/3	1/4	1/4	1/2
λ'_3	1/5	3	1	1/4	1/4	1/3
λ'_4	2	4	4	1	3	4
λ'_5	2	3	4	1/3	1	3
λ'_6	1/5	2	3	1/4	1/3	1

应用式(6-16)~式(6-18)计算得权重数值为:$\lambda'_1 = 0.221$,$\lambda'_2 = 0.0595$,$\lambda'_3 = 0.0745$,$\lambda'_4 = 0.326$,$\lambda'_5 = 0.219$,$\lambda'_6 = 0.1$,所以:$\lambda'_i = (0.221, 0.0595, 0.0745, 0.326, 0.219, 0.1)$,($i = 1, 2, \cdots, 6$)。

6.8 公路货运车货供需匹配实例

本节以物流中国信息服务平台为例,选取平台车货匹配模块的车源信息和货源信息,运用多目标匹配排序算法分别以货源方和车源方为主进行两次车货匹配运算,得到不同的匹配方案。物流中国平台主页及会员服务界面分别如图 6-10、图 6-11 所示。

图 6-10　物流中国平台主页

图 6-11　物流中国平台会员界面

6.8.1　车源信息筛选匹配

货主在物流中国页面(货主版)中输入其需求信息,货主版界面如图 6-12 所示。

6 车货匹配问题

图 6-12 物流中国平台货主版界面

我们选择的是 L 市的货主刘先生,他有一批货物需要从 L 市运往 H 市,L 市与 H 市的距离为 1605 km。刘先生要求车主在同意接单后的 24h 内到达取货地点。货主信息及需求信息如表 6-9 所示。数据库中已有 40 条车源信息,全部参与匹配,如表 6-10 所示。

货 主 需 求 信 息   表 6-9

货主	地址	材料	货重 (t)	货物体积 (m³)	需求车型	需求车长 (m)	信用
刘先生	L市	配件	15	38	厢式	9	6

待选车源方数据   表 6-10

序号	车主	车型	额定载重 (t)	车长 (m)	容积 (m³)	资质	信用	距离取货点 路程(km)
1	李**	半挂	15	9	31	0.7	7	19
2	王**	平板	27	12	45	0.7	6	81
3	张**	高栏	24	16	73	0.5	3	231
4	刘**	平板	25	10	65	0.9	5	90
5	陈**	半挂	24	18	83	0.7	7	22
6	杨**	厢式	16	10	31	0.5	3	65
7	黄**	半挂	34	13	54	0.7	7	123
8	赵**	高栏	24	8	56	0.5	8	185
9	周**	厢式	28	12	45	0.9	8	263
10	吴**	半挂	45	13	49	0.7	5	216

续上表

序号	车主	车型	额定载重（t）	车长（m）	容积（m³）	资质	信用	距离取货点路程（km）
11	徐**	平板	22	11	81	0.5	7	260
12	孙**	高栏	30	6.5	51	0.5	6	103
13	朱**	厢式	30	7	67	0.5	6	28
14	马**	半挂	45	6	69	0.7	3	133
15	胡**	高栏	40	19	36	0.5	7	131
16	郭**	平板	30	9	44	0.7	6	30
17	林**	厢式	20	11	32	0.7	4	92
18	何**	半挂	44	10.5	58	0.5	3	89
19	高**	平板	16	11	24	0.9	4	76
20	梁**	半挂	13	12	22	0.5	6	93
21	郑**	厢式	23	16	70	0.7	4	233
22	罗**	高栏	13	7	48	0.5	3	170
23	宋**	半挂	12	9.5	50	0.7	3	207
24	谢**	平板	36	17	81	0.5	7	298
25	唐**	厢式	30	11	60	0.7	7	81
26	韦**	平板	19	18	82	0.5	3	3
27	任**	高栏	41	18	85	0.7	3	103
28	金**	半挂	31	8.5	86	0.5	6	51
29	孔**	厢式	38	14	24	0.7	7	80
30	吕**	半挂	20	13	22	0.5	7	268
31	沈**	高栏	35	15	30	0.7	5	177
32	冯**	平板	45	6	23	0.5	3	91
33	陈**	半挂	18	13	71	0.7	6	204
34	吴**	高栏	42	10	91	0.9	8	46
35	杜**	厢式	31	11.5	55	0.7	6	28
36	席**	半挂	35	18	64	0.5	3	72
37	高**	高栏	22	6	45	0.7	8	243
38	万**	平板	19	13	56	0.5	5	156
39	柯**	半挂	30	7.5	39	0.7	8	27
40	单**	厢式	24	13	47	0.5	7	69

6.8.1.1 参数选定

根据现实的状况,本算例作出如下假设:

(1) 车辆的平均行驶速度为 $v=60\text{km}/\text{h}$。

(2) 单位长度单位重量的运输价格为 $\varphi_1=0.5$ 元 $/(\text{km}\cdot\text{t})$。

(3) 单位时间内(每分钟)车辆等待的机会损失金额为 $\varphi_2=2$ 元 $/\text{min}$。

(4) 单位时间内(每分钟)车辆迟到的延迟处罚金额为 $\varphi_3=4$ 元 $/\text{min}$。

(5) 运输一次货物的固定成本 $c_1=1500$ 元。

(6) 符合时间指标的运输车辆都能按照时间到达取货点。

(7) 货物装货和卸货的标准速度均为 $v_2=0.5\ \text{h}/\text{t}$,故 $t_2=2\cdot\dfrac{\omega'}{v_2}$,其中 ω' 为货物质量,$t_3=0$。

(8) 货源方提供的运价为 $f_1=1$ 元 $/(\text{t}\cdot\text{km})$。

6.8.1.2 以货源方为主的算例分析

将本章设计的多目标排序匹配算法运用 Matlab 软件进行程序的编写。首先按照主要匹配指标对车源方的数据进行筛选,把不符合主要匹配指标的车源方数据去除,再将符合条件的数据按照附属匹配指标与匹配目标函数进行进一步筛选,即当计算出匹配度后,将车源方车辆匹配度的排序反馈给货主。排序后输出结果如表 6-11 所示。

车源信息匹配输出结果 表 6-11

序号	车主	车型	额定载重(t)	车长(m)	容积(m^3)	资质	信用	距离取货点路程(km)	匹配度
35	杜**	厢式	31	11.5	55	0.7	6	28	7.2825
40	单**	厢式	24	13	47	0.5	7	69	6.5860
9	周**	厢式	28	12	45	0.9	8	263	5.6916
13	朱**	厢式	30	7	67	0.5	6	28	5.5069
29	孔**	厢式	38	14	24	0.7	7	80	5.4156
21	郑**	厢式	23	16	70	0.7	4	233	5.3564
17	林**	厢式	20	11	32	0.7	4	92	5.3269
6	杨**	厢式	16	10	31	0.5	3	65	5.1023

由表 6-11 可知,编号为 35 的杜** 匹配度最高,其与货主发布的需求数据最匹配,其次是 40 号的单**。按照输出的结果,货主刘先生可以自由选择想要合作的伙伴进行沟通。

6.8.2 货源信息筛选匹配

车主在物流中国页面(车主版)中输入其需求信息,如表 6-12 所示,车主版界面如图 6-13 所示。假设车主王先生通过物流信息服务平台登记车源信息,他能够承接从出发到完成运输任务少于 24h 的货物运输,表格中现有 40 条货源信息等待选择,如表 6-13 所示。

车 主 需 求 信 息　　　　　　　　　表 6-12

车主	地址	可运输材料	额定载重(t)	体积(m^3)	车型	车长(m)	信用
王先生	T市	普货	35	56	平板	14	0.6

图 6-13　物流中国平台车主版界面

6.8.2.1 待选货源方数据

数据库中已有 40 条货源数据,全部参与筛选匹配,待选货源方数据见表 6-13。

待选货源方信息　　　　　　　　　表 6-13

序号	货主	材料	需求车型	货物重量(t)	需求车长(m)	货物容积(m^3)	资质	信用	距车里程(km)
1	程**	纸品	厢式	42	15	32	0.3	0.5	751
2	崔**	配件	厢式	37	11	83	0.5	0.3	663
3	经**	钢材	高栏	43	14	40	0.7	0.7	770
4	石**	重物	高栏	27	7	34	0.3	0.7	164
5	宁**	普货	平板	17	10	53	0.5	0.7	762
6	仇**	配件	厢式	32	13	31	0.7	0.7	124
7	叶**	普货	平板	21	7	44	0.7	0.4	234
8	白**	纸品	厢式	48	7	86	0.3	0.7	508
9	刘**	钢材	半挂	33	15	41	0.5	0.4	137
10	赵**	煤炭	平板	16	8	49	0.7	0.6	356
11	李**	重物	高栏	25	10	36	0.3	0.4	379

续上表

序号	货主	材料	需求车型	货物重量(t)	需求车长(m)	货物容积(m³)	资质	信用	距车里程(km)
12	周**	纸品	厢式	36	15	69	0.5	0.8	982
13	吴**	钢材	半挂	34	8	64	0.3	0.6	962
14	冯**	普货	平板	18	10	42	0.5	0.4	915
15	朱**	配件	厢式	9	13	63	0.7	0.6	1064
16	孔**	纸品	厢式	26	8	38	0.3	0.5	188
17	严**	重物	高栏	35	11	43	0.5	0.8	682
18	金**	煤炭	平板	28	11	34	0.7	0.6	726
19	云**	钢材	半挂	6	8	47	0.3	0.5	659
20	柏**	配件	厢式	31	7	38	0.5	0.4	108
21	柳**	纸品	厢式	37	7	41	0.7	0.7	118
22	岑**	重物	高栏	14	15	75	0.3	0.7	1148
23	毕**	煤炭	平板	16	11	73	0.5	0.7	354
24	于**	钢材	半挂	25	7	83	0.7	0.8	772
25	卞**	普货	平板	35	8	38	0.5	0.3	851
26	姚**	配件	厢式	6	15	32	0.7	0.8	382
27	邵**	纸品	厢式	44	8	81	0.5	0.3	330
28	贝**	煤炭	平板	39	15	33	0.3	0.7	998
29	谈**	重物	高栏	7	14	60	0.7	0.3	752
30	舒**	普货	平板	35	9	66	0.3	0.7	664
31	席**	钢材	高栏	43	8	40	0.5	0.5	853
32	江**	配件	厢式	23	7	73	0.3	0.4	165
33	贾**	纸品	厢式	49	9	39	0.7	0.5	151
34	高**	重物	高栏	15	12	62	0.5	0.3	387
35	蔡**	钢材	半挂	11	13	47	0.3	0.3	1264
36	胡**	纸品	厢式	18	7	88	0.5	0.5	746
37	钟**	配件	厢式	20	11	48	0.3	0.8	1212
38	房**	纸品	厢式	30	14	36	0.7	0.7	1210
39	解**	重物	高栏	39	11	53	0.5	0.7	979
40	邓**	钢材	半挂	12	15	68	0.3	0.7	351

6.8.2.2 参数选定

根据现实的状况,本算例作出如下假设:

(1)车辆的平均行驶速度为 $v=60 \text{km/h}$。

(2) 单位长度单位重量的运输价格为 $\varphi_1 = 0.5$ 元/(km·t)。

(3) 单位时间内(每分钟)车辆等待的机会损失金额为 $\varphi_2 = 2$ 元/min。

(4) 单位时间内(每分钟)车辆迟到的延迟处罚金额为 $\varphi_3 = 4$ 元/min。

(5) 运输一次货物的固定成本 $c_1 = 1500$ 元。

(6) 符合时间指标的运输车辆都能按照时间到达取货点。

(7) 货物装货和卸货的标准速度均为 $v_2 = 0.5$ h/t,故 $t_2 = 2 \cdot \dfrac{\omega'}{v_2}, t_3 = 0$。

(8) 货源方提供的运价为 $f_1 = 1$ 元/(t·km)。

6.8.2.3 以车源方为主的算例分析

运用 Matlab 编程完成以车源方为主的筛选匹配计算。匹配排序后结果输出具体如表 6-14 所示。

货源匹配数据结果输出　　　　表 6-14

序号	货主	材料	需求车型	货物重量(t)	需求车长(m)	货物容积(m³)	资质	信用	距车里程(km)	匹配度
5	宁**	普货	平板	17	10	53	0.5	0.7	762	8.6916
7	叶**	普货	平板	21	7	44	0.7	0.4	234	7.6952
14	冯**	普货	平板	18	10	42	0.5	0.4	915	7.3639
25	卞**	普货	平板	35	8	38	0.5	0.3	851	7.0167

由表 6-14 可知,匹配度最好的是 5 号的宁**,其与车主发布的需求信息最匹配,其次是 7 号的叶**。

6.9　本章小结

本章分别建立了以货源方为主的和以车源方为主的车货匹配指标体系,并基于该指标体系分别设计了以货源方为主的和以车源方为主的多目标匹配排序算法。并将该算法用于物流中国信息平台货源、车源数据,计算出待选车源方、货源方的匹配度,为车源方和货源方的双向选择提供了参考。

7 时变路网下的同城货运即时配送问题

本章研究时变路网下的同城货运即时配送问题。该问题因为考虑到配送过程中道路拥堵等情况会使车辆平均行驶速度发生变化,所以与现实情形更加贴近。它是农村范围内除了 SVRPPD 以外的另外一种现实存在的车辆路径优化问题。

7.1 互联网信息平台下的货运即时配送相关理论

7.1.1 即时配送

(1)即时配送的定义

即时配送是指依托本地社会化库存,在短时间内将货送达用户手中的配送方式。与传统物流派送需要经过多次中转才能完成整个物流服务流程相比,即时配送作为物流配送的最后一个环节,实现了点对点和客户对客户的一种配送,整个配送过程不需要经过任何中转过程就能完成配送服务。

(2)即时配送的特点

①即时响应配送订单。传统物流配送时间要求往往采用天为计时单位,而即时配送通常采用小时甚至分钟为计时单位。客户发布订单后,物流信息平台根据订单的信息及时响应客户的需求,然后派送车辆根据订单信息完成取货和送货配送任务。

②服务对象具有随机性和无计划性。与传统物流到固定的服务站点送货取货相比,物流信息平台是个开放性的平台,所以即时配送客户的订单具有随机性和无计划性。当客户有配送需求时,可以在任意时刻和地点将需要配送的订单信息发布给物流信息平台。因此,订单的取货和送货的位置和时间要求具有随机性和无计划性。

③点对点。传统物流配送需要时间长,人与人之间没有直接联系,整个物流过程需要通过多个分拣中心和固定的站点参与,多阶段接力运输,最后由配送员将物品派送给用户。即时配送可以收派一体,取货和送货由同一配送员或配送车辆完成,不存在任何中间环节的参与。

④拼车+多目的地。同城即时配送中配送人员在进行某一订单配送过程中根据车辆的状态和所处的位置等信息选择是否继续接受该配送订单,如果接受该配送订单,则对该订单完成配送,并且在送货过程中配送人员可以根据订单的送货点信息自行决定送货顺序。

7.1.2 互联网信息平台下的货运即时配送流程

基于互联网信息平台下的货运配送的流程主要为线下配送、线上交易的配送模式。用户将订单的信息通过智能设备等方式上传到互联网信息平台上,主要包含订单的发货方位置、收货方位置、派送时间和货物的类型、质量和数量等有效信息,平台将订单信息推送给配送人员,配送人员根据订单的信息到取货节点取货,然后将取货点的货送至送货节点,完成该订单的配送任务。

如图7-1所示,平台将客户的信息发布到网上后,可以通过驾驶员抢单或者平台专业配送两种方式完成客户的订单配送。在配送过程中,配送人员可以根据此时车辆的状态和所处的位置等信息继续选择是否接受其他的订单,从而决定进行零担拼车运输还是整车配送。

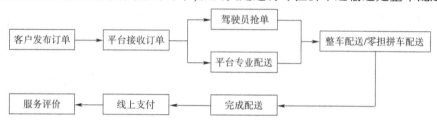

图7-1 信息平台下的同城货运即时配送流程

7.1.3 互联网信息平台下的货运即时配送模式

(1)抢单配送

客户将订单信息发送给平台,平台将订单信息投入到订单池中。在订单信息发布后,配送人员根据平台上的订单信息和要求,根据自身的状态和位置决定是否去接单。如果配送人员承接该订单,则由该配送人员完成订单的配送。

通常,在零售商场、建筑市场、大型超市以及人口密集的市中心等人员流动较大的区域,需要配送的订单量往往较多,因此配送人员为了能够承接更多的配送订单任务,通常集中分布于某一区域或者周围较近区域。而订单量相对较少的偏僻区域的配送车辆通常比较少,而且配送人员和平台仅仅是合作关系,在抢单模式下部分订单可能会由于车辆分布的不均匀性存在无人承接的情况,降低了用户的服务体验。

此外,抢单配送下的配送员人员流动性大,和平台之间没有直接的劳务关系,信息平台下的运力资源存在不确定性。在车辆运力资源充足时,所有的订单都能得到即时的配送,但当车辆运力资源不足时,订单的即时配送将会无法满足,损害了平台的利益。

(2)平台专业配送

平台专业配送下企业的配送人员与平台的关系由合作关系转化为劳务关系。企业专业配送不仅有助于统一调度车辆资源、管理配送队伍和提高收货方的服务满意度水平,而且通过合理的路径规划也有利于降低车辆在配送过程的空载率和配送成本。另外,从长期来看,每个配送人员的订单量都能得到保障。因此,本书从信息平台角度考虑,研究基于信息平台配送背景下的订单分配和车辆路径规划问题。

7.2 时变路网的相关理论和基础

在静态路网中,假设道路处于完全畅通状态,车辆行驶的时长不随时间的变化而变化,在任意两个节点间的行驶时长仅和两个节点间的距离有关。现实的情况是随着交通流量的增加,车辆在行驶过程中会时常面临交通拥堵现象,特别是在早晚高峰时段。而在其他时间段,随着车流量的减少,车辆行驶速度会逐步恢复到正常速度,所以实际的路网中车辆的行驶速度与其所处的时间段有关,于是本书考虑将速度的时变特征看作是时变路网区别于静态路网的关键。

7.2.1 时变路网的特点

(1) 行驶时长的变动性

在时变路网中,由于车辆的行驶速度具有时变性,致使对于同一路段车辆的行驶时长也具有变动性。相同的路段下,由于车辆的出发时间不同,道路实时交通流状态不同,车辆在行驶过程中的车速也不完全相同,所以车辆在相同的路段上行驶的时长也不一致。例如同一路段正常时段下车辆的行驶时长小于早高峰时段的行驶时长。用数学语言描述就是:对于不同的路段,设节点 i 到节点 j 的距离大于节点 k 到节点 j 的距离,$d_{ij} > d_{kj}$,由于车辆从节点 i 和 k 出发的时刻不同,车辆在两对节点间行驶的速度也存在差异。虽然 $d_{ij} > d_{kj}$,但是由于车辆行驶速度的差异,可能致使节点 k 到节点 j 的行驶时长大于节点 i 到 j 的时长,即 $t_{ij} < t_{kj}$。

(2) 先进先出原则

时变路网可以表示为 $G = (V, A, C_{ij}(t))$,其中 V 表示路网中所有节点的集合,$V = \{1, 2, \cdots, n\}$;A 表示所有路段的集合,对于任意两个节点 i 和 j 间的路段有 $(i,j) \in A$;$C_{ij}(t)$ 表示车辆在时刻 t 出发时,从节点 i 到节点 j 的行驶时长。

设不同时段下车辆 B_1 和 B_2 从节点 i 到节点 j 的出发时刻分别为 t_1 和 t_2,$t_1 < t_2$。如果满足式(7-1),则称为先进先出路网(FIFO)。

$$C_{ij}(t_1) + t_1 \leq C_{ij}(t_2) + t_2 \tag{7-1}$$

由式(7-1)可知,在时变路网中,对于任意两节点间的路段:$(i,j) \in A$,车辆 B_1 和 B_2 分别在不同的时刻 t_1 和 t_2 出发,从节点 i 到节点 j,如果车辆 B_1 的出发时刻早于车辆 B_2 的出发时刻,则车辆 B_1 到达节点 j 的时刻不会晚于车辆 B_2 到达节点 j 的时刻。

7.2.2 时间依赖函数

在时变路网中,车辆在路段的行驶时长是一个与时间相关的变量,通常情况下,车辆在路段的行驶时长(后文称为行程时长)用时间依赖函数来描述。目前,采用的时间依赖函数主要有以下两种类型。

(1) 基于行驶时间的时间依赖函数

Malandraki[54,55]等采用基于行驶时间的时间依赖函数表示路段的行程时长,如图7-2所示。当车辆从节点 i 行驶到节点 j 时,如果车辆的出发时刻在区间[1,3)之间,则车辆从节点 i 到节点 j 所需的行程时长为4;出发时刻介于其他区间时,则车辆从节点 i 到节点 j 所需的行程时长为2。假设当车辆 B_1 和 B_2 都从节点 i 到节点 j 时,车辆 B_1 的出发时刻为 $t_A = 2$,车辆 B_2 的出发时刻为 $t_B = 3$,则车辆 B_1 到达节点 j 的时刻为 $t'_A = 6$,车辆 B_2 到达节点 j 的时刻为 $t'_B = 5$,

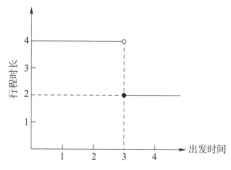

图7-2 基于行驶时间的时间依赖函数

$t'_A > t'_B$,即基于行驶时间的时间依赖函数违反了时变路网的先进先出原则,不符合实际。

(2)基于行程车速的时间依赖函数

Ichoua[56]提出了基于行程车速的时间依赖函数模型,如图7-3所示。设任意两个节点i和j间的路段$(i,j) \in A$,车辆B_1和B_2分别在不同的时刻从节点i出发到节点j,车辆B_1的出发时刻为t_A,当车辆B_1行驶一段时间Δt时,行驶距离为Δd。此时车辆B_2开始出发,$t_B = t_A + \Delta t$,从此以后车辆B_1和车辆B_2的速度变化一致,因此在到达节点j之前,两辆车之间的距离始终为Δd。即该模型克服了基于行程时间依赖函数模型中的不满足"先进先出"的特点,使得车辆的行程时间的计算符合实际。例如假设从节点i到节点j的距离为$d_{ij} = 2$,则根据不同时间段对应的行程车速变化曲线[图7-3a)],得到从节点i到节点j的行程时长函数曲线[图7-3b)]。根据图7-3b)可看出基于行程车速的时间依赖函数具有连续性,避免了基于行驶时间的时间依赖函数在不同出发时刻分段点跳跃问题。

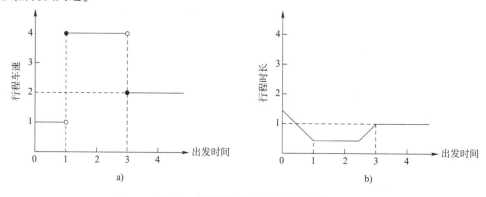

图7-3 基于行程车速的时间依赖函数

7.3 时变路网的同城货运即时配送路径优化问题建模

7.3.1 问题描述

本章研究的问题是从货运信息平台角度考虑,获取互联网信息平台上需要派送的订单的发货方和收货方的节点信息,包括发货方和收货方节点地理位置坐标、发货方和收货方时间窗要求、配送订单的货物重量、在发货方和收货方节点装卸服务时长等信息,以及信息平台提供的车辆所处位置、车辆类型、额定载重约束和行驶成本等信息,然后制定出总配送费用最小的车辆路径规划方案。

如图7-4所示,从信息平台获取到6个配送订单信息,由两个车场(P_1、P_2)派出3辆货车(A、B、C)为客户(发货方和收货方)提供配送服务,每个订单都有一一对应的发货方节点和收货方节点,如:节点 1+ 和节点 1- 为配送订单中一一对应的发货方节点和收货方节点,在配送过程中车辆需要先访问发货方节点,然后将货物送到对应的收货方节点。车场 P_1 派出车辆 A 和车辆 B,车辆 A 到发货方节点 1 处取货,然后再到发货方节点 2 处取货,之后到收货方节点 2 处送货,然后到收货方节点 1 处送货,最后回到车场 P_1;派出的车辆 B 到发货方节点 4 取货,然后到收货方节点 4 送货,最后回到车场 P_1。车辆 P_2 派出的车辆 C 依次到发货方节点 3 和发货方节点 6 取货,然后到收货方节点 6 处送货,之后到发货方节点 5 处取货,最后依次到送货方节点 5 和送货方节点 3 处送货。其中在图 7-4 中 P_1 车场派出的车辆 A 和 P_2 车场派出的车辆 C 对需要配送的取货送货订单采用"零担拼装运输"配送方式;P_1 车场派出的车辆 B 对需要配送的取货送货订单采用"整车运输"方式。

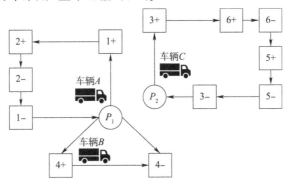

图 7-4 同城货运配送示意图
注:图中字母 P 代表车场,"+"代表取货点,"-"代表送货点。

7.3.2 模型假设

在建立时变路网下同城货运即时配送路径优化的数学模型之前,做出以下假设:
(1)车场、发货方和收货方的位置已知,各个节点之间的距离为欧式距离。
(2)区域内有多个车场。
(3)不考虑车辆装配空间、货物体积等因素,车辆均没有最大里程限制。
(4)每个配送订单中货物的重量不得超过任一车辆的载重上限。
(5)收货方接受其发货方的订单的数量只有一个并且不可拆分,且仅能由车辆来配送一次。
(6)车辆从某车场出发,完成配送任务后最终回到出发的车场。

7.3.3 虚拟节点假设

当存在以下两种情形时,该问题需要进行虚拟节点的假设:①每个发货方可以向多个收货方发出配送订单,但每个配送订单的接收方完全不同;②每个收货方可以接收多个发货方发出的配送订单,但每个配送订单的发货方完全不同。当一个发货方向多个收货方发出多个货物配送订单时,将该发货方虚拟成多个发货方;当某个收货方接收来自多个发货方发出的配送订单时,则将该收货方虚拟成多个收货方,而且添加的虚拟节点与原节点之间距离为 0。通过添加虚拟节点的方式可以将多对一和一对多的问题转化为一对一的问题,便于统一使用一对一的算法进行计算。

如图 7-5 所示,8 个订单由两个车场(P_1、P_2)提供的三辆车(A、B、C)进行服务。与图 7-4 相比,不同的是 1 号发货方发出两个配送订单(收货方分别是 1 - 和 7 -),6 号收货方接收两个配送订单(发货方分别是 6 + 和 8 +),根据上文的节点虚拟方式,此时将 1 号发货方虚拟成两个位置相同的发货方(1 + 和 7 +),将 6 号收货方虚拟成两个位置相同的收货方(6 - 和 8 -)。

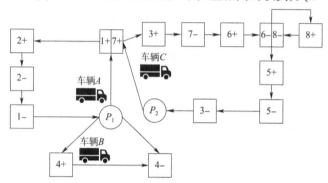

图 7-5 增加虚拟点后的同城货运配送示意图

注:图中字母 P 代表车场,"+"代表取货点,"-"代表送货点。

7.3.4 行驶时间分析

(1)时间依赖函数

根据 7.2 节时变路网相关理论可知,目前主要通过基于行驶时间和基于行程车速的时间依赖函数来对时变路网中车辆的行程时长随着出发时刻的变化而变化的规律进行描述。考虑到基于行驶时间的时间依赖函数不符合实际路网中车辆的先进先出原则(FIFO),本书采用基于行程车速的时间依赖函数。

由于一天内不同时间段内的交通拥堵存在差异,车辆在不同的时间段内的行驶速度会出现不同的变化。在每个时间段内车辆都对应着一个平均行驶速度,本章假设在该时间段内车辆的行驶速度(即行程车速)保持不变,如图 7-6 所示。

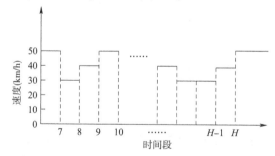

图 7-6 基于行程车速的时间依赖函数

(2)两点间行程时长计算

由于车辆在行驶过程中可能会经历多个时间间隔,并且每个时间间隔段内都对应有各自的平均行程速度。因此同一路段由于车辆行驶的时间间隔段不同,配送节点间的行程时长也不同。所以当计算车辆在两配送节点间的行程时长时,一般分为不跨时段完成配送任务和跨越多个时段完成配送任务两种情形。为表述这两种情形,假设常量为 $d_{ij}, H, [T_0, T_1], [T_1, T_2], \cdots, [T_{H-1}, T_H], t_0, v_{kh}$;变量为 $dist, t_1, d_h$。其中,d_{ij} 表示配送节点 i 和配送节点 j 之间的距离;车辆每天的行驶时长被均匀分为 H 段,即车辆离开配送节点 i 的时间点为 $t_0 \in [T_{h-1}, T_h]$, $(h=1,2,3,\cdots,H)$;v_{kh} 表示车辆 k 在第 h 段时间 $[T_{h-1}, T_h](h=1,2,3,\cdots,H)$ 内的平均行驶速度。$dist$ 表示车辆沿着弧 (i,j) 行驶时,车辆所在当前位置距离节点 j 的距离,$dist \leq d_{ij}$;t_1 表示车辆沿着弧 (i,j) 行驶时,车辆行驶到当前位置时的时刻,$t_0 \leq t_1$;d_h 表示车辆在第 h 段时间 $[T_{h-1}, T_h](h=1,2,3,\cdots,H)$ 内行驶的距离。

下面给出车辆 t_0 时刻从节点 i 出发,到达节点 j 的时刻的计算程序,如图 7-7 所示。计算步骤如下:

步骤 1:确定车辆沿着弧 (i,j) 行驶到当前位置的时刻 $t_1(t_0 \leq t_1)$ 所属时段 $[T_{h-1}, T_h]$;

步骤 2:计算车辆在第 h 段时间段 $[T_{h-1}, T_h]$ 内能够行驶的所剩时长 $(T_h - t_1)$;

步骤 3:根据车辆在第 h 时间段内能够行驶的剩余时长 $T_h - t_1$,得到车辆在该时间段能够行驶的距离 $d_h = (T_h - t_1) \cdot v_{kh}$;

步骤 4:若车辆在该时间段内能够行驶的距离超过此时车辆距离节点 j 的距离,即 $d_h \geq dist$,则表示车辆在当前的时间段内就能完成配送任务,车辆到达节点 j 的时刻为:$t_1 = t_1 + dist/v_{kh}$,结束计算,否则转步骤 5;

步骤 5:若车辆在该时间段内能够行驶的距离小于此时车辆距离节点 j 的距离,$d_h < dist$,更新变量:$dist = dist - d_h, t_1 = t_1 + d_h/v_{kh}, h = h+1$,重新执行步骤 1 至 4。

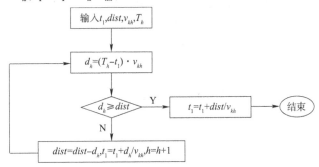

图 7-7 节点间行驶时长计算程序图

7.3.5 燃油消耗分析

杨柳[57]认为车辆单位行驶里程的能源消耗量与车辆载货量、行驶速度等因素相关(忽略路况以及驾驶员驾驶习惯等因素影响),简单地把车辆的每公里行驶成本用一个恒定的值来衡量并不完全贴近实际。刘丽姣[58]分析了瞬时油耗模型、多阶段油耗模型、行驶速度对燃油影响下的油耗模型和综合油耗模型。通过对比,综合燃油消耗模型实用性更好,考虑的因素更多,更加贴近实际,并且模型参数数据方便获取。因此本书采用综合燃油消耗模型来计算车辆在行驶过程中的燃油消耗量。

综合燃油消耗模型包括发动机功率、发动机转速、燃料效率三个部分。

发动机工作时发出的牵引力的功率 P_{tract} 为：

$$P_{\text{tract}} = (Ma + MgC_D\cos\alpha + Mg\sin\alpha + 0.5C_A\rho Av_h^2)v_h/1000 \tag{7-2}$$

式中：M——车辆的总重量，包括车辆自重和车辆载重；

　　　a——车辆行驶加速度；

　　　α——道路坡道角；

　　　g——重力加速度；

　　　C_D——滚动阻力系数；

　　　C_A——空气阻力系数；

　　　ρ——空气密度；

　　　A——车辆的迎风面积；

　　　v_h——车辆在第 h 段时间内的平均行驶速度。

为了简化模型、方便计算，假设车辆在水平道路上行驶，并且在每个时段内都以一定的速度匀速行驶，则牵引力所消耗的功率如式(7-3)所示：

$$P_{\text{tract}} = (MgC_D + 0.5C_A\rho Av^2)v/1000 \tag{7-3}$$

发动机的输出功率 P：

$$P = P_{\text{tract}}/\eta_{\text{tf}} + P_C \tag{7-4}$$

式中：P_{tract}——发动机的牵引力功率；

　　　η_{tf}——车辆传动系的机械效率；

　　　P_C——发动机工作时所需的其他功率，本书中假设为0。

最后，综合燃油消耗模型的计算如式(7-5)所示，表示车辆以车速 v_h（单位：m/s）在单位时间（单位：s）内的燃油消耗量 FR（单位：L）：

$$FR = \xi(kNV_r + P/\eta)/(\kappa\phi) \tag{7-5}$$

式中：ξ——燃料对空气的质量比；

　　　k——发动机摩擦系数；

　　　V_r——发动机排量；

　　　N——发动机转速；

　　　P——发动机的输出功率；

　　　η——发动机的效率参数；

　　　κ——燃油的热值；

　　　ϕ——燃油重量体积转换系数。

根据综合燃油消耗模型可知，车辆的燃油消耗量除了和载重有关，和速度也有密切的关系。由于车辆在行驶过程中速度具有时变性，因此在计算车辆燃油消耗量的时候需要分阶段计算。结合时变路网的模型，假设车辆从节点 i 行驶到节点 j，经历了 E 个时间段，车辆在每个时间段内的速度为 v_e，车辆在每个时间段内的行驶时长为 t_e，车辆离开节点 i 时的总重量为 M，则车辆 k 从节点 i 到节点 j 的耗油量 F_{kij} 为：

$$F_{kij} = \sum_{e=1}^{E} \xi[kNV_r + (MgC_D + 0.5C_A\rho v_e^2)v_e/1000\eta\eta_{\text{tf}}]/(\kappa\phi) \cdot t_e \tag{7-6}$$

7.3.6 符号说明

基于问题描述和模型假设,模型构建中需要用到的参数符号说明如下。

(1) 集合

B:发货方(取货点)的集合,$B=\{1,2,\cdots,n\}$;

C:与发货方对应的收货方(送货点)的集合,$C=\{n+1,n+2,\cdots,2n\}$;

P:车辆起始位置的集合,$P=\{2n+1,2n+2,\cdots,2n+r\}$;

K:车辆编号的集合,$K=\{2n+1,2n+2,\cdots,2n+r\}$;

O:所有节点的集合,$O=B\cup C\cup P$;

N:发货方和收货方节点的集合,$N=B\cup C$。

(2) 常量

n:发货方或收货方节点的数量;

r:配送网络中车辆的数量;

W_{ki}:车辆 k 到达节点 i 时所载货物的总重量;

q_i:车辆在节点 i 的取货量;

Q_k:车辆 k 的额定载重;

d_{ij}:节点 i 到节点 j 的距离;

R_0:单位燃油的价格;

f_k:车辆 k 的固定成本;

τ:单位燃油碳排放量;

R_1:单位碳排放量价格;

st_i:节点 i 的装货或卸货时间;

ET_i:期望到达的最早时间点;

LT_i:期望到达的最晚时间点。

(3) 变量

F_{kij}:车辆 k 从节点 i 到节点 j 的耗油量;

y_{ij}:增加虚拟取货节点或送货节点后,实际上的节点 i 和节点 j 不是同一取货节点或送货节点时 $y_{ij}=1$;y_{ij} 表示增加虚拟取货节点或送货节点后,实际上的节点 i 和节点 j 是同一取货或送货节点时 $y_{ij}=0$;

t_{ki}^A:车辆 k 到达节点 i 的时间点;

t_{ijk}:车辆 k 从节点 i 到节点 j 所行驶的时长;

x_{ijk}:当车辆 k 从节点 i 到节点 j 时 $x_{ijk}=1$,否则为 0。

7.3.7 时间窗选择

随着科技的不断进步和人们生活节奏的加快,人们更加重视物流服务的效率和及时性。在车辆路径问题中时间窗指的是配送车辆在客户规定的时间范围内将货物送到。如果配送车辆没有在规定的时间窗范围内将货物送达,不仅会影响客户的满意度,还会给物流企业带来一定的经济损失。在带时间窗的车辆路径问题中,一般对于没有在时间窗范围内到达的车辆给予一定的惩罚成本,其中不同类型的时间窗的惩罚成本不同。如图7-8所示,在硬时间窗下,如果车辆没有在规定的时间窗$[ET_i, LT_i]$范围内到达客户所在的位置,客户拒绝接受服务,并给予无穷大的惩罚成本M,硬时间窗下惩罚函数如式(7-7)所示。

$$\begin{cases} M, & t_{ki}^A > LT_i \text{ 或 } t_{ki}^A < ET_i \\ 0, & ET_i \leq t_{ki}^A \leq LT_i \end{cases} \tag{7-7}$$

如图7-9所示,在软时间窗下,如果车辆没有在规定的时间窗$[ET_i, LT_i]$范围内到达,客户仍接受服务,其中距离期望送达的时间窗越远,惩罚成本越大,软时间窗下惩罚函数如式(7-8)所示,其中α表示车辆提前到达单位时间惩罚成本;β表示车辆延迟到达单位时间惩罚成本。

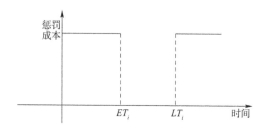

图7-8 硬时间窗惩罚函数图

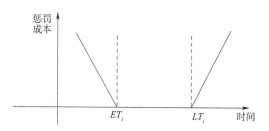

图7-9 软时间窗惩罚函数

$$\begin{cases} \alpha(ET_i - t_{ki}^A), & t_{ki}^A \leq ET_i \\ 0, & ET_i \leq t_{ki}^A \leq LT_I \\ \beta(t_{ki}^A - LT_i), & t_{ki}^A \geq LT_i \end{cases} \tag{7-8}$$

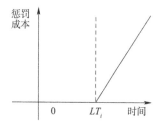

图7-10 单侧软时间窗惩罚函数示意图

随着人们生活质量的不断提高,及时响应客户的需求能够为企业赢得更多的客户,创造更多的利润,物流企业已将快速响应客户需求能力作为企业核心竞争力之一。单侧时间窗只限制车辆最晚到达的时间,对最早到达时间不做限制,因此这里选择单侧时间窗。图7-10为单侧软时间窗惩罚函数示意图,配送车辆在客户i期望最晚到达的时间点LT_i之前到达,惩罚成本为0;如果到达时间t_i晚于期望的最晚到达时间点LT_i,客户仍接受提供的配送服务,同时给予相应的惩罚成本,单侧软时间窗下惩罚函数如式(7-9)所示。

$$\begin{cases} \beta(t_{ki}^A - LT_i), & t_{ki}^A > LT_i \\ 0, & t_{ki}^A \leq LT_i \end{cases} \tag{7-9}$$

7.3.8 模型构建

根据问题描述、模型假设和符号说明,建立以总配送成本最小为目标函数的带时间窗的多车场单车型取送货车辆路径问题数学模型。其中总配送成本包括车辆的固定成本、车辆的燃油消耗成本、时间窗惩罚成本和碳排放成本。

1) 目标函数
(1) 固定成本
$$Z_1 = \sum_{k \in K} \sum_{j \in B} \sum_{i \in O} f_k x_{ijk} \tag{7-10}$$

(2) 燃油消耗成本
$$Z_2 = R_0 \sum_{k \in K} \sum_{i \in O} \sum_{j \in O} x_{ijk} F_{ijk} \tag{7-11}$$

(3) 时间窗惩罚成本
$$Z_3 = \sum_{k \in K} \sum_{i \in N} \beta \max(t_{ki}^A - LT_i, 0) \tag{7-12}$$

(4) 碳排放成本
$$Z_4 = R_1 \tau \sum_{k \in K} \sum_{i \in O} \sum_{j \in O} x_{ijk} F_{ijk} \tag{7-13}$$

(5) 目标函数
$$\min Z = Z_1 + Z_2 + Z_3 + Z_4 \tag{7-14}$$

2) 约束条件
$$\sum_{j \in N} x_{ijk} = \sum_{g \in N} x_{g(i+n)k} \quad \forall i \in B, k \in K \tag{7-15}$$

$$\sum_{k \in K} \sum_{i \in O} x_{ijk} = 1 \quad \forall j \in B \tag{7-16}$$

$$\sum_{k \in K} \sum_{j \in O} x_{ijk} = 1 \quad \forall i \in C \tag{7-17}$$

$$\sum_{j \in N, j \neq i+n} (t_{ki}^A + st_i + x_{ijk} t_{ijk}) < t_{k(i+n)}^A \quad \forall i \in B, k \in K \tag{7-18}$$

$$x_{i(i+n)k}(t_{ki}^A + st_i + t_{ijk}) = x_{i(i+n)k} t_{k(i+n)}^A \quad \forall i \in B, k \in K \tag{7-19}$$

$$x_{ijk}(t_{ki}^A + y_{ij} st_i + y_{ij} t_{ijk}) = x_{ijk} t_{kj}^A \quad \forall i, j \in O, k \in K \tag{7-20}$$

$$\sum_{j \in B} x_{ijk} = \sum_{g \in C} x_{gik} \leq 1 \quad \forall i \in P, k \in K \tag{7-21}$$

$$\sum_{i \in P} \sum_{j \in P} x_{ijk} = 0 \quad \forall k \in K \tag{7-22}$$

$$W_{ki} + q_i \leq Q_k \quad \forall i \in B, k \in K \tag{7-23}$$

$$W_{ki} = 0 \quad \forall i \in P, k \in K \tag{7-24}$$

$$\sum_{k \in K} \sum_{i \in B} \sum_{i \in P} x_{ijk} \leq r \tag{7-25}$$

$$x_{ijk}, y_{ij} \in \{0, 1\} \quad \forall i \in O, j \in O, k \in K \tag{7-26}$$

式(7-15)表示由同一辆车将供货方的货送到对应接收方;式(7-16)、式(7-17)表示增加虚拟发货或取货节点后每个发货方和收货方节点都要被访问且只能被访问一次,即每个订单只能由一辆车来派送;式(7-18)、式(7-19)表示车辆访问送货点之前必须先访问对应的取货点;式(7-20)表示如果车辆 k 连续访问的节点 i 和 j 在增加的虚拟取货或送货节点前实际上为同一取货或送货节点,则车辆到达节点 i 和节点 j 的时间相同,如果车辆 k 连续访问的节点 i 和 j 在增加的虚拟取货或送货节点前实际上不是同一取货或送货节点时,则为车辆到达节点 j 的时刻;式(7-21)表示配送车辆从车场出发完成配送任务后返回到出发的车场的约束;式(7-22)表示车辆不能从一个出发位置直接驶入其他出发位置;式(7-23)表示车辆载重约束,车辆在任意取货节点的服务结束后的装载量不能超过该车辆的额定载重;式(7-24)表示车辆从起始位置出发或返回出发位置时,所载货物为0;式(7-25)表示调用的车辆不能超过路网中车辆的总数;式(7-26)表示决策变量为0、1变量。

7.4 同城货运即时配送路径规划问题的遗传算法

7.4.1 模型求解算法选择分析

第 7.3 节建立的时变路网下同城货运即时配送车辆路径问题综合考虑了多车场、多车型、载重限制、软时间窗等条件,该问题是 VRP 问题的一个衍生问题,是求解难度比较大的 NP-难问题。对于该类组合优化问题的解决方法,国内外学者做了大量而深入的研究,求解方法主要分为精确算法和启发式算法。

精确算法是通过数学理论和方法找到最优化问题最优解的一种方法。主要有:分支界定法、枚举法、割平面法和动态规划法等。该类方法主要应用于解决小规模(节点个数比较少)的问题。然而,利用精确算法求解该问题的复杂度随着问题规模的增加呈现指数增长。因此在解决复杂的问题时,主要采用启发式算法。启发式算法又分为传统启发式算法和现代启发式算法。由于传统启发式算法计算结果精度、稳定性和计算效率比较低,难以获得满意解,因此可利用现代启发式算法来解决大规模复杂的车辆路径问题。常见的解决车辆路径问题的现代启发式算法有蚁群算法、粒子群算法、模拟退火算法、禁忌搜索算法和遗传算法等。考虑到遗传算法在求解大规模复杂问题方面具有较好的全局搜索能力,且是一种较常使用的算法,所以选用它来对模型进行求解。

7.4.2 编码

遗传算法中常见的编码方式有浮点数编码、自然数编码等。分析了问题的模型特点,本章选用自然数编码。由于取货点及其对应的送货点需要被同一辆车服务,并且车辆需要先访问取货点再访问送货点,单链编码后的遗传操作可能会使取货点和送货点不符合对应关系约束和访问顺序约束。因此根据单链编码中车辆的位置,将单链编码后的染色体个体拆分成多条基因段[59,60]。

假设有 n 个取货节点及其对应的送货节点,还有 k 辆车一起构成的多车场多车型零担运输网络,设取货点的编号依次为 $1,2,\cdots,n$,对应的送货点的编号依次为 $n+1,n+2,\cdots,2n$,车辆的编号依次为 $2n+1,2n+2,\cdots,2n+k$,每个个体中染色体的总长度为 $2n+k$,每个个体包含 k 条基因段。个体中每段基因段的第一位为车辆编号,其余位置为取货点和对应的送货点的编号,其中每个车辆的编号对应不同的车辆信息,包括车辆起点位置信息。

如图 7-11 所示,有来自三个车场(A、B 和 C)的 4 辆车为 10 个取货点及其对应的送货点提供配送服务。其中取货点的编号为 1~10,与取货点依次对应的送货点的编号为 11~20,车辆的编号为 21~24。第一条配送路径:A 车场、车辆的编号为 21 的车辆依次到节点 2 和 10 处取货,然后到节点 20 处送货,之后去节点 5 处取货,最后依次到节点 15 和 12 处送货,最后回到车场 A;第二条配送路径:B 车场、车辆的编号为 22 的车辆依次到节点 1 和 3 处取货,然后依次到节点 11 和 13 处送货,最后回到车场 B;第三条配送路径:C 车场、车辆的编号为 23 的车辆到节点7处取货,接着到节点17处送货,然后到节点4处取货,之后去节点14处送货,最后回到车场C;第四条配送路径:C车场、车辆的编号为24的车辆到节点9处取货,然后到节点19处送货,之后到节点8处取货,接着到节点18处送货,然后到节点6处取货,之后到节点16处送货,最后返回到车场C,从而完成整个配送任务。

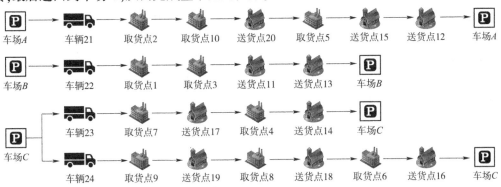

图 7-11 车辆配送过程示意图

与配送示意图图 7-11 对应的个体编码设计如图 7-12 所示。

| 21 | 2 | 10 | 20 | 5 | 15 | 12 | 22 | 1 | 3 | 11 | 13 | 23 | 7 | 17 | 4 | 14 | 24 | 9 | 19 | 8 | 18 | 6 | 16 |

| 21 | 2 | 10 | 20 | 5 | 15 | 12 |

| 22 | 1 | 3 | 11 | 13 |

| 23 | 7 | 17 | 4 | 14 |

| 24 | 9 | 19 | 8 | 18 | 6 | 16 |

图 7-12 编码示意图

7.4.3 种群初始化

随机生成一个规模为 NIND 的初始种群,种群中随机生成的每个个体的初始化如下。

步骤1:生成一个 $1\sim n$ 的取货点的随机序列 A,从取货点的随机序列中取出第一个取货点。从车辆编号 $2N+1\sim 2N+k$ 中随机选择一个车辆编号,将该取货点添加到该车辆编号的后面,表示由该车辆为该取货点及其对应的送货点提供配送服务。重复 n 次,直到取货点的随机序列 A 为空,从而完成每个取货点及其对应的送货点的车辆分配。

步骤2:将配送车辆配送的取货点和送货点排列成一个新的随机序列 B。

步骤3:调整随机序列 B 中取货送货顺序:在随机序列 B 中,如果送货点的位置在对应的取货点位置的前面,则互换取货点及其对应的送货点的顺序,使得车辆配送的顺序满足先取货后送货的要求。

步骤4:检验配送车辆是否满足载重约束。

步骤4.1:记录配送车辆配送过程中的载重变化的矩阵变量(Load_Variety)。

步骤4.2:如果载重变化的矩阵变量(Load_Variety)中存在大于车辆额定载重的元素,则找到矩阵中第一个超重位置对应的取货点及其对应的送货点的位置,然后将该取货点和其对应的送货点按照先取货后送货的顺序放置到车辆配送序列的末尾;否则,结束步骤4。

步骤4.3:更新配送车辆此时配送过程中的载重变化的矩阵变量(Load_Variety),返回到步骤4.2。

例如:如图7-13所示,通过步骤1中随机分配将车辆分配给取货点及其对应的送货点。然后,根据每个车辆分配的取货点和送货点的结果,生成一个新的取货和送货随机序列。以编号为24的车辆为例,根据图7-13中确定的分配结果生成一个取货送货的随机序列,如图7-14a)所示。在图7-14a)中取货点8及其对应的送货点18不满足车辆先取货后送货的顺序约束,则互换两个点的位置,如图7-14b)所示。检测互换位置后车辆是否存在有超重的节点。若车辆在取货点6处存在超重,则将该取货点6及其对应的送货点16放置到配送序列的末尾,如图7-14c)所示。

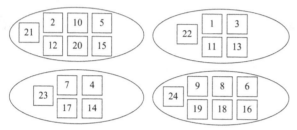

图7-13 配送订单分配的示意图

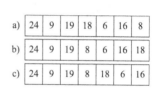

图7-14 调整后的车辆配送路径示意图

7.4.4 适应度函数

在遗传算法中通过适应度函数反映个体的优劣程度,从而对个体优胜劣汰。在最大值优化问题求解中,个体的适应度越大,个体的性能越好,被选择的概率越大。本书建立的模型为最小值优化问题,因此可以利用目标函数的倒数来表示适应度函数,如式(7-27)所示:

$$fit(x_i) = 1/Z(x_i) \tag{7-27}$$

式中:$Z(x_i)$——个体x_i的目标函数,$i=1,2,3,\cdots,NIND$。

7.4.5 选择操作

基于个体的适应度,通过从父代种群中选择优秀的个体作为父代来繁殖下一代的个体。目前常用的选择策略有:轮盘赌、锦标赛、线性排序选择和指数排序选择等方法。本书采用简单易行的轮盘赌选择策略,具体操作如下。

步骤1:计算每个个体被选择的概率。

$$p_i = fit(x_i) / \sum_{i=1}^{NIND} fit(x_i) \tag{7-28}$$

步骤2:计算每个个体的累计概率。

$$q_i = \sum_{i=1}^{NIND} p_i \tag{7-29}$$

步骤3:在区间[0,1]之间随机生成一个数r,如果$r<q_1$,则选择第一个个体;如果$q_{i-1}<r\leqslant$

$q_i(i=2,3,\cdots,NIND)$,则选择第 i 个个体。

7.4.6 交叉操作

为了便于进行交叉操作,将每个基因段按照基因段中车辆编号从小到大的顺序排列。设个体间交叉概率为 P_c,生成一个介于 0 和 1 之间新的随机数 r_1,如果 $r_1 \leq P_c$,从种群中随机选择两个个体 A 和 B,进行交叉操作。

步骤1:染色体交叉并删除重复的取货节点和送货节点。

①生成两个在区间 $[2n+1, 2n+k]$ 内的随机整数 x 和 y;②在个体 A 和个体 B 中分别随机选择出车辆编号 x 和 y 对应的基因段,分别记作 x_A 和 y_B,将基因段 x_A 和基因段 y_B 中除了车辆编号外不同的节点分别记作集合 D_B 和集合 D_A,然后将个体 A 中车辆编号为 x 对应的基因段和个体 B 中车辆编号为 y 对应的基因段,除了车辆编号以外的内容相互交换;③交换完成后,在个体 A 中,如果其他车辆编号对应的基因段和车辆编号 x 对应的基因段中存在重复的取货点及其对应的送货点,则将其他基因段中重复的节点删除;在个体 B 中,如果其他车辆编号对应的基因段和车辆编号 y 对应的基因段中存在重复的取货点及其对应的送货点,则将其他基因段中重复的节点删除。

步骤2:将个体中缺失的取货节点和送货节点重新插入到个体中。

交叉后,在个体内重复的基因删除的同时,也存在个体内部分基因缺失。在步骤1中,个体 A 交叉后缺失的取货点及其对应的送货点的集合为 D_B,个体 B 交叉后缺失的取货点及其对应的送货点的集合为 D_A。

对于交叉后缺失的基因,通过参考文献[61]中贪婪插入方法来修复。由于本章模型中的目标函数为最小配送成本,因此使用"配送总成本贪婪的插入方法"来修复个体中缺失的取货点及其对应的送货点的集合。

配送总成本贪婪插入法:将个体 A 经过步骤1交叉后得到的子代个体记作为 A',个体 B 经过步骤1交叉后得到的子代个体记作为 B'。个体 A' 中缺失的取货点及其对应的送货点的集合为 D_B,个体 B' 中缺失的取货点及其对应的送货点的集合为 D_A。

设 D_A 中有 a 对取货点和送货点,D_B 中有 b 对取货点和送货点。以个体 A 为例:

步骤1:计算个体 A 经过步骤1交叉操作后的子代个体 A' 的目标函数 F_i。

步骤2:从个体 A' 中缺失的取货点和送货点的集合 D_B 中取出第 $i(i=1)$ 对取货点 C_i 及其对应的送货点 C_{i+b}。找到该取货点 C_i 和送货点 C_{i+b} 在个体 A' 中所有满足模型约束的可插入位置。在多个满足模型约束的可插入位置中,找到使个体 A' 的目标函数增量最小的插入位置后,将该插入的位置记作取货点 C_i 和送货点 C_{i+b} 在个体 A' 中的最佳插入位置,并记录该取货点 C_i 和送货点 C_{i+b} 在最佳插入位置上对应的目标函数增量 $\Delta_i(i=1)$。从个体 A' 中缺失的取货点和送货点的集合 D_B 中依次取出第 $i(i=2,3,\cdots,b)$ 对取货点 C_i 及其对应的送货点 C_{i+b}。按照步骤2,记录每对取货点 C_i 和送货点 C_{i+b} 在个体 A' 中的最佳插入位置和该对取货送货点在最佳插入位置上对应的目标函数增量 $\Delta_i(i=2,\cdots,b)$。

步骤3:找到集合 D_B 中每个取货点及其对应的送货点在个体 A' 中各自的最佳插入位置上对应的目标函数增量 $\Delta_i(i=1,\cdots,b)$,选择使得 $\Delta_i(i=1,\cdots,b)$ 最小的该对取货和送货点,将该对取货点和送货点插入到其在个体 A' 中的最佳插入位置,然后在集合 D_B 中删除该对取货点和送货点。

步骤4:如果集合 D_B 为空,则完成个体 A' 中缺失的取货点及其对应的送货点的插入。否则,更新插入取货点和送货点后的个体 A' 的目标函数 F_i 和集合 D_B 中需要插入的取货点及其对应的送货点的对数 b,重复执行步骤2至3。

如图7-15所示,通过选择操作得到父代个体 A 和个体 B。从个体 A 中选择编号为22的车辆对应的基因段和个体 B 中编号为23的车辆对应的基因段进行交叉互换。如图7-16所示,交换两个父代个体 A 和 B 中对应的基因段后,在个体 A' 中,编号为21的车辆对应的基因段与编号为22的车辆对应的基因段中存在重复的取货点9和送货点19,将编号为21的车辆对应的基因段中的取货点9和送货点19删除;在个体 B' 中,编号为22的车辆对应的基因段与编号为23的车辆对应的基因段中存在重复的取货点7、10和送货点17、20,将编号为22的车辆对应的基因段中的取货点7、10和送货点17、20删除。

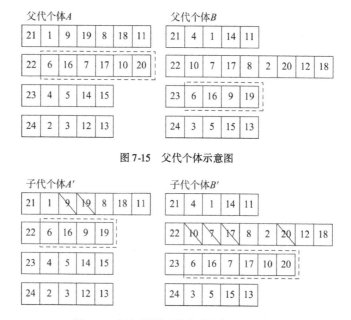

图7-15 父代个体示意图

图7-16 交叉后删除个体内重复的基因示意图

删除个体内重复的取货点和送货点后,个体 A' 中缺失的节点有取货点7、10和送货点17、20,个体 B' 中缺失的节点有取货点9和送货点19。在个体 A' 中,对于取货点7及其对应的送货点17,找到取货点7和送货点17在个体 A' 中所有满足模型约束的可插入位置。在多个满足模型约束的可插入位置中,找到使个体 A' 的目标函数 F_i 增量最小的插入位置后,将该插入位置记作取货点7和送货点17在个体 A' 中的最佳插入位置,并记录取货点7和送货点17在最佳插入位置上对应的目标函数增量 Δ_1。对于取货点10及其对应的送货点20,利用同样的方式找到取货点10和送货点20在个体 A' 中的最佳插入位置,并记录取货点10和送货点20在最佳插入位置上对应的目标函数增量 Δ_2。假设 $\Delta_1 < \Delta_2$,则先将取货点7和送货点17插入到其在个体 A' 中的最佳插入位置,重新计算插入取货点7和送货点17后的个体 A' 的目标函数值。对于取货点10和送货点20,找到其在更新后的个体 A' 中的最佳插入位置,然后将该对

取货和送货节点插入到其在个体 A' 中最佳插入位置。

在个体 B' 中,对于缺失的取货点 9 和送货点 19,找到其在个体 B' 中的最佳插入位置,然后将该对取货和送货节点插入到其在个体 B' 中的最佳插入位置。补充缺失基因后的子代个体如图 7-17 所示。

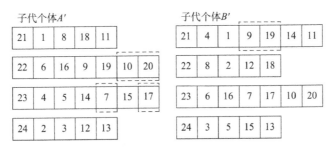

图 7-17　补充缺失基因后的子代个体示意图

7.4.7　变异操作

设变异概率为 P_e,生成一个介于 0 和 1 之间新的随机数 r_2,如果 $r_2 \leqslant P_e$,则对种群的个体染色体进行变异操作。下面对变异操作进行具体描述。

在个体 A 中,找到具有配送任务的所有车辆,从有配送任务的车辆中随机选择一个车辆对应的基因段进行变异操作。从车辆对应的基因段中随机选择两对取货点及其对应的送货点,互相交换取货点和送货点的位置。

如图 7-18 所示,找到个体中所有具有配送任务的车辆,从具有配送任务的车辆中随机选择某车辆对应的基因段进行变异操作。以编号 23 的车辆对应的基因段为例,从该基因段中随机选出两对取货节点(节点 4 和节点 5)及其对应的送货节点(节点 14 和节点 15),相互交换取货点和送货点的位置。

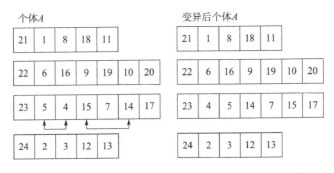

图 7-18　变异算子示意图

在变异操作后需要对该车辆对应的基因段进行车辆载重约束可行性校验:

步骤 1:记录变异后的基因段的载重变化的矩阵变量(Load_Variety)。

步骤 2:如果载重变化的矩阵变量(Load_Variety)中存在大于车辆额定载重的元素,则将矩阵中第一个超重位置对应的取货点及其对应的送货点从基因段中取出,记作集合 ΔB 中的一对元素;否则执行步骤 4。

步骤3:更新此时基因段的载重变化的矩阵变量(Load_Variety),重新执行步骤2。

步骤4:如果集合 ΔB 不为空集合,则将集合 ΔB 中的取货点及其对应的送货点依次以配送成本贪婪的插入方式插入到编号23的车辆对应的基因段内满足模型约束的位置;否则说明变异后的基因段满足车辆载重约束。

7.4.8 保留精英策略

种群在进化的过程中优良个体的数量在不断增加,但由于交叉和变异的随机性可能造成优秀个体的破坏,影响遗传算法的收敛速度。因此结合保留精英策略[62]使得优秀的个体在遗传操作中不被破坏和丢弃,同时保证了子代种群中的最优个体的适应度值不比父代种群中最优个体的适应度值差,使得收敛曲线具有单调性。其具体操作如下:①找到父代种群中的适应度值最好的个体 A 并保存下来;②找到交叉和变异操作后的子代种群中适应度值最好和最差的个体 B 和 C;③如果个体 A 的适应度值优于个体 B 的适应度值,则用个体 A 替代交叉变异后子代种群中最差的个体 C,从而形成新的子代种群。

7.4.9 终止条件

遗传算法中终止条件主要有:①达到规定的迭代次数;②目标函数的值满足规定的要求;③最优个体的适应度值在规定的迭代次数内连续保持不变。为了方便控制计算的过程,本书选择的终止条件为:达到规定的迭代次数。当迭代次数没有达到规定的次数时,则继续执行上述遗传操作;否则跳出迭代循环。输出最后一代种群中最优个体的目标函数及其对应的车辆路径规划结果。

7.5 案 例 分 析

7.5.1 实验案例

某物流信息平台是一家从事同城、跨城和企业版物流服务的综合性互联网物流信息平台,利用互联网、大数据等技术为个人、商城和企业提供高效的物流服务。以该互联网信息平台提供的某市某日6:00—20:00时段市区及其周边管辖区域已上传到同城货运信息平台的订单信息为基础,利用百度地图API功能获取物流信息平台提供的订单的取货点和对应的送货点的经纬度坐标。从信息平台角度出发,运用第7.3节建立的时变路网下同城货运即时配送车辆路径问题模型和第7.4节提供的求解方法,根据该物流信息平台提供的配送订单等信息构建仿真实验,从而验证模型的合理性和算法的可靠性。

(1)订单双方的信息

本节使用的案例由30对取货点和对应的送货点构成。取货节点的信息如表7-1所示,送货节点的信息如表7-2所示。每个表中包含节点的位置坐标、车辆在节点处装卸需要的服务时长、节点的取货或送货需求以及每个节点期望车辆到达的最晚时间。

取货节点信息表

表 7-1

序号	横 坐 标	纵 坐 标	期望到达的最晚时间点(h)	取货需求(t)	服务时间(h)
1	113.817622	34.771044	10	2.5	0.38
2	113.856716	34.826059	13	1.5	0.26
3	113.925706	34.800927	12	1.5	0.38
4	113.832507	34.688039	11	2	0.36
5	113.926137	34.698305	11.5	1	0.18
6	113.896816	34.695931	12	1.5	0.29
7	113.518244	34.903112	11.5	1.5	0.48
8	113.495700	34.888016	12	3	0.38
9	113.617025	34.864958	9.5	1.5	0.19
10	113.817622	34.771044	10	1	0.26
11	113.632264	34.675846	10.5	2	0.29
12	113.704544	34.700199	10	1.5	0.19
13	113.675666	34.910438	10	2	0.27
14	113.539986	34.824194	13	1	0.19
15	113.691764	34.724568	9	2.5	0.36
16	113.787775	34.833202	10.5	1.5	0.19
17	113.760271	34.850885	9	1	0.18
18	113.633864	34.715523	11	1.5	0.18
19	113.793455	34.787204	12.5	3.5	0.29
20	113.783246	34.809021	9	1.5	0.18
21	113.760179	34.726467	10	2.5	0.75
22	113.891297	34.823228	10	2	0.38
23	113.739864	34.658883	9.5	1.5	0.16
24	113.824980	34.834019	11.5	1.5	0.19
25	113.732390	34.644154	14	3	0.36
26	113.812700	34.662600	12.5	2.5	0.26
27	113.773700	34.727600	13.5	2	0.22
28	113.748900	34.693100	11.5	1	0.15
29	113.800999	34.855816	12	1.5	0.16
30	113.636856	34.867489	12.5	1	0.12

送货节点信息表

表 7-2

序号	横 坐 标	纵 坐 标	期望到达的最晚时间点(h)	送货需求(t)	服务时间(h)
1	113.601800	34.675500	11.5	2.5	0.38
2	113.950427	34.766299	14.5	1.5	0.26
3	113.726061	34.695206	13.5	1.5	0.38

续上表

序号	横 坐 标	纵 坐 标	期望到达的最晚时间点(h)	送货需求(t)	服务时间(h)
4	113.825889	34.854109	12.5	2	0.36
5	113.665016	34.704710	13	1	0.18
6	113.854272	34.716348	13.5	1.5	0.29
7	113.654311	34.845293	13	1.5	0.48
8	113.696916	34.882450	13.5	3	0.38
9	113.683187	34.883539	11	1.5	0.19
10	113.688314	34.769177	11.5	1	0.26
11	113.738907	34.733922	12	2	0.29
12	113.832606	34.751740	11.5	1.5	0.19
13	113.545187	34.839670	11.5	2	0.27
14	113.689464	34.864568	14.5	1	0.19
15	113.847027	34.771048	10.5	2.5	0.36
16	113.672217	34.865906	12	1.5	0.19
17	113.623680	34.820778	10.5	1	0.18
18	113.782026	34.710800	12.5	1.5	0.18
19	113.876013	34.742051	14	3.5	0.29
20	113.802819	34.693033	10.5	1.5	0.18
21	113.788403	34.818844	11.5	2.5	0.75
22	113.629710	34.801416	11.5	2	0.38
23	113.953682	34.779260	11	1.5	0.16
24	113.609789	34.798868	13	1.5	0.19
25	113.953158	34.778990	15.5	3	0.36
26	113.707140	34.652070	14.5	2.5	0.26
27	113.755600	34.655300	15.5	2	0.22
28	113.646700	34.689400	13.5	1	0.15
29	113.683000	34.841500	14	1.5	0.16
30	113.588545	34.849036	14.5	1	0.12

(2)配送车辆的信息

案例中配送车辆信息如表7-3所示,每个车辆信息包括车辆的位置经纬度坐标、车辆的固定成本和载重限制信息等。

车 辆 信 息   表7-3

配送员序号	经 度	纬 度	载重上限(t)	固定成本(元)	所属车场
1	113.681146	34.850113	5	80	A
2	113.681146	34.850113	5	80	A
3	113.681146	34.850113	5	80	A

续上表

配送员序号	经　　度	纬　　度	载重上限(t)	固定成本(元)	所属车场
4	113.681146	34.850113	5	80	A
5	113.819015	34.737759	5	80	B
6	113.819015	34.737759	5	80	B
7	113.819015	34.737759	5	80	B
8	113.819015	34.737759	5	80	B

（3）配送网络中节点间距离信息

根据表 7-1、表 7-2 和表 7-3 中取货点、送货点和配送车辆的位置信息得知配送网络中各个节点的经纬度坐标 (x_i, y_i)，根据式（7-30）和式（7-31）[63]计算任意两节点间 (x_i, y_i) 和 (x_j, y_j) 的距离，式中 R_r 为地球半径（6378.137km）。

$$D_{ij} = 2 \cdot R_r \cdot \sqrt{\sin^2\left(\frac{\pi}{180} \cdot X'\right) + \cos\left(\frac{\pi}{180} \cdot X_i\right) \cdot \cos\left(\frac{\pi}{180} \cdot X_j\right) \cdot \sin^2\left(\frac{\pi}{180} \cdot Y'\right)} \quad (7-30)$$

$$X' = \frac{x_i - x_j}{2}, Y' = \frac{y_i - y_j}{2} \quad (7-31)$$

（4）模型中其他参数的设置

假设模型中车辆的出发时间为 7:00，如果车辆到达各个节点的时间晚于期望到达的时间，则接受的惩罚成本为 0.15/min，汽油的价格为 6.8 元/L，碳交易价格为 200 元/t，大于当前国内市场碳交易价格 50~65 元/t。我国的碳交易价格远远低于欧美等发达国家碳交易价格 50 欧元/t。碳交易价格过高并不有利于企业的发展，但是我国将要在 2030 年前实现碳达峰，这使得各个行业在碳排放的压力日益增加。随着碳交易市场的逐步完善，碳交易价格将会逐步上升，因此适当提高碳交易的价格，才会引起物流企业对碳排放的重视。

（5）车辆燃油消耗模型的相关参数[64]

燃油消耗模型中车辆的相关参数见表 7-4。

燃油消耗模型中车辆的相关参数　　　　表 7-4

符　号	描　　述	值
ζ	燃料-空气质量比	1
k	发动机的摩擦系数	0.2
N	发动机的转速（r/s）	36
V_r	车辆的发动机排量（L）	2.7
M	车辆的自重（kg）	3200
A	车辆的迎风面积（m²）	4.75
g	重力加速度（m/s²）	9.8
ρ	空气密度（kg/m³）	1.2041
C_A	空气阻力系数	0.1
C_D	转动阻力系数	0.01

续上表

符　号	描　述	值
η_{tf}	车辆的传动效率参数	0.4
η	发动机的效率参数	0.9
κ	燃油的热值(kJ/g)	44
ϕ	重量-体积转换系数	737
τ	汽油二氧化碳的排放系数	2.9251

(6)车辆行驶速度信息

假设任一两个节点间道路类型为主干道,基于百度地图数据对该市过去一周内每天主干道车辆行驶的速度信息的统计和预测,设计与路网中一天内速度变化情况相符合的数据。设在道路顺畅的情况下,车辆以 50km/h 的速度匀速行驶。随着一天中道路交通量的变化,不同时刻不同的车流量造成不同程度的交通拥堵,影响车辆的正常行驶,使得车辆的行驶速度随着时间变化而变化。设平均速度变化的时间间隔为 0.5h,各个时段内车辆的平均行驶速度如表 7-5 所示。

车辆的时变速度　　　　表 7-5

时段	7:00—7:30	7:30—8:00	8:00—8:30	8:30—9:00	9:00—9:30	9:30—10:00
速度(km/h)	30	20	20	30	40	40
时段	10:00—10:30	10:30—11:00	11:00—11:30	11:30—12:00	12:00—12:30	12:30—13:00
速度(km/h)	50	50	40	30	20	30
时段	13:00—13:30	13:30—14:00	14:00—14:30	14:30—15:00	15:00—15:30	15:30—16:00
速度(km/h)	30	40	50	50	50	50
时段	16:00—16:30	16:30—17:00	17:00—17:30	17:30—18:00	18:00—18:30	18:30—19:00
速度(km/h)	50	40	40	30	20	20
时段	19:00—19:30	19:30—20:00	20:00—20:30	20:30—21:00	21:00—21:30	21:30—22:00
速度(km/h)	20	30	30	30	50	50

7.5.2　参数设置

(1)参数设置

遗传算法参数设置如表 7-6 所示。

遗传算法参数表　　　　表 7-6

参数	种群规模	迭代次数	交叉概率	变异概率
数值	40	150	0.9	0.1

(2)仿真实验环境

本章所有仿真实验的环境为 Windows10 下 64 位操作系统;锐龙 R7(3750H)处理器;2.30GHz CPU 处理频率;8G 运行内存;Matlab2021a 仿真软件。

7.5.3 案例求解

为了避免求解结果的随机性,利用遗传算法对该案例重复求解 10 次,每次设置的参数一致,并以最优的求解结果作为该案例的近似最优解,可以得出该案例的近似最优解为 733.63,遗传算法的迭代过程如图 7-19 所示。最佳的车辆路径规划结果、车辆到达各个节点时刻以及各个车辆配送的成本如表 7-7 所示。

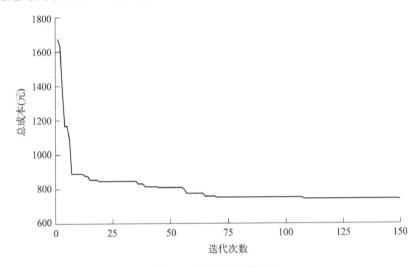

图 7-19 遗传算法迭代过程

车辆行驶路径及到达节点时刻表 表 7-7

路 径	车辆到达节点时刻表	时间惩罚成本（元）	油耗和碳排放成本（元）
$A→9→39→12→19→42→$ $49→3→5→6→36→26→33→$ $56→35→A$	07:00:00→07:14:20→07:45:50→ 08:22:51→08:55:31→09:19:53→ 09:38:34→10:04:08→10:32:30→ 10:47:13→11:11:51→11:39:26→ 12:21:50→12:50:21→13:16:26→13:38:02	2.55	91.24
$A→15→23→45→2→22→$ $53→32→24→16→46→52→$ $54→14→44→A$	07:00:00→07:11:28→07:51:24→ 08:36:33→09:02:40→09:24:03→ 09:57:41→10:08:06→10:40:51→ 10:57:14→11:28:03→11:50:32→ 12:19:59→12:47:05→13:31:28→13:44:34	7.35	105.74
$B→4→10→34→29→17→$ $40→59→13→30→47→60→$ $43→8→7→37→38→B$	07:00:00→07:05:23→07:37:43→ 08:04:52→08:33:11→08:51:52→ 09:15:52→09:36:24→09:50:47→ 10:12:39→10:22:55→10:38:39→ 10:51:40→11:16:44→11:44:43→ 12:49:44→13:28:35→14:11:11	2.25	91.89

续上表

路　径	车辆到达节点时刻表	时间惩罚成本（元）	油耗和碳排放成本（元）
$B{\to}21{\to}20{\to}51{\to}1{\to}50{\to}$ $28{\to}58{\to}11{\to}31{\to}18{\to}41{\to}$ $48{\to}27{\to}57{\to}25{\to}55{\to}B$	$07:00:00{\to}07:13:08{\to}08:11:39{\to}$ $08:24:37{\to}09:15:28{\to}09:44:05{\to}$ $10:03:06{\to}10:25:46{\to}10:36:49{\to}$ $10:58:17{\to}11:27:04{\to}12:01:59{\to}$ $12:32:44{\to}12:45:56{\to}13:06:46{\to}$ $13:25:14{\to}14:19:50{\to}14:59:30$	6	106.61

利用 Matlab 绘制车辆配送路径图，如图 7-20 所示。图中"■"代表车场，即车辆的出发位置；"○"代表取货节点；"☆"代表送货节点。图中横纵轴为节点位置坐标。

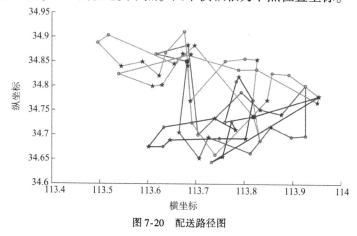

图 7-20　配送路径图

7.5.4　算法对比

为了验证设计的遗传算法在时变路网下同城货运即时配送路径问题中的性能，根据金振广[65]设计的粒子群算法对本章中的案例求解 10 次，其中 10 次实验中达到最优效果的粒子群算法迭代过程如图 7-21 所示。将求解结果与本章的遗传算法的求解结果进行对比分析，对比结果如表 7-8 所示。

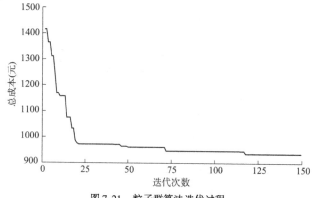

图 7-21　粒子群算法迭代过程

算法对比　　　　　　　　　　　　　　　　　　　　　　表7-8

算　　法	粒子群算法	遗传算法
均值	992.36	770.07
最优解	938.63	733.63
方差	56.15	33.93

根据表7-8中的内容可以得出遗传算法的求解能力优于粒子群算法,并且求解稳定性比粒子群算法优异。

7.6　灵敏度分析

7.6.1　单车场与多车场对比

为了分析多车场和单车场对配送结果的影响,分别求解在车场 A、车场 B 单独配送和多车场联合配送情况下的最优配送结果,如表7-9所示。

单车场与多车场对比结果　　　　　　　　　　　　表7-9

车　　场	总配送成本(元)	时间惩罚成本(元)	燃油消耗和碳排放成本(元)	固定成本(元)
车场 A	788.72	40.05	428.67	320
车场 B	778.32	34.05	424.27	320
多车场	733.63	18.15	395.48	320

根据表7-9的计算结果可以得到,在同城货运即时配送中,多个车场联合共同配送比车场 A 和车场 B 各自单独配送节约配送成本55.09元和44.69元。在同城货运即时配送过程中,多个车场联合配送在降低配送成本的同时,能够更加即时地响应客户的需求,提高客户的服务质量。

7.6.2　交通拥堵程度对成本的影响

道路每日交通拥堵的程度都在不断变化,在周末和重要的节假日,人流量激增,交通拥堵的程度会进一步加大。因此,假设当前车辆的行驶速度为一般拥堵条件下车辆的行驶速度,在此速度下,将各个时间段内车辆的行驶速度分别降低25%和50%来表示中度拥堵和严重拥堵的情形,以分析交通拥堵对配送结果的影响。不同拥堵程度下的配送结果见表7-10。

不同拥堵程度下的配送结果　　　　　　　　　　表7-10

道路状态	总配送成本(元)	时间惩罚成本(元)	燃油消耗和碳排放成本(元)
一般拥堵	733.63	18.15	395.48
中度拥堵	816.19	68.10	428.09
严重拥堵	1045.03	116.25	528.78

根据表 7-10 的结果可知,随着交通拥堵程度的进一步增加,从总配送成本角度出发,与一般拥堵情况相比,中度拥堵和严重拥堵下的总配送成本分别提高了 11.25% 和 42.44%。此外,时间惩罚成本也依次增加了 49.95 元和 98.10 元;燃油消耗和碳排放成本分别增加了 32.61 元和 133.30 元。在中度拥堵情况下,总配送成本稍有增加。在严重拥堵的情况下,由于车速的显著降低不仅仅严重影响到客户的时间要求,同时也加剧了车辆的燃油消耗量。

7.7 本章小结

本章为时变路网下同城货运即时配送车辆路径优化问题建立了数学模型,这是农村共享物流配送问题中的另外一类重要的车辆路径优化问题,并设计了遗传算法对该问题进行求解。最后对于单车场和多车场,不同交通拥堵程度下对配送成本的影响进行了分析。由于考虑了道路拥堵等情况导致车辆平均行驶车速的变化,所以本章的研究相较以往的研究更加贴近实际,有利于信息平台进行更加合理的车辆路径规划,从而使得平台的信息化功能得以充分发挥,提高物流运输效率。

8 共同配送联盟利益分配

通过进行物流网络节点的合理选址,车源和货源的最优匹配,路径优化,可以使得物流配送企业联盟在完成物流配送任务时有效缩短配送距离,节省运输成本,增加企业收入。然而,物流企业联盟是否能够保持长久稳定的联盟状态和企业联盟之间利益是否得到合理分配有着十分密切的关系。本章以焦作市武陟县为例对其境内的三家快递企业中通、韵达、圆通形成联盟的利益分配问题进行实证研究。

8.1 基于 Shapley 值法的企业联盟利益分配

8.1.1 问题描述

在电商环境农村上下行物流配送模式背景下,n 个具有竞争力的物流企业组成了物流企业联盟 T,需要研究决定这个联盟形成的 n 个企业之间的利益分配问题。记 M 为集合 T 的任意非空子集,表示由任意部分企业构成的集合,记 $v(T)$ 为物流企业联盟的总收益,则可以称 $[T,v]$ 是 n 个企业的一个合作对策,称 v 为合作的收益函数,且值为实数。

8.1.2 Shapley 值法

Shapley 值法是 1953 年由 L.S.Shapley 提出的,主要考虑联盟成员对联盟的贡献,通过计算每个联盟成员的边际贡献,来分配最终的联盟收益值。对于非对抗性的合作分配问题都可以用 Shapley 值法解决。

定义:假设 $i=1,2,\cdots,n$,代表形成联盟 T 的每一个企业的编号。T 的每一个子集 M 都有一个实值函数 $v(M)$ 与之对应,且满足以下条件:

(1)当 $M=\varnothing$ 时,$v(\varnothing)=0$,其中 $\varnothing$ 为空集;
(2)对于任意两个不交子集 $M_1,M_2\subseteq T$,都有 $v(M_1\cup M_2)\geq v(M_1)+v(M_2)$。

则称 $v(M)$ 为定义在 T 上的一个特征函数,表示合作的人数增加,收益也会增加,合作至少比单干或小团体的合作来得有利。

合作对策需要确定每个企业获得的利润 $\delta_i(v)(i=1,2,\cdots,n)$,对于联盟来讲就是确定向量 $\delta(v)=(\delta_1(v),\delta_2(v),\cdots,\delta_n(v))$。通过分析,合理的分配需要满足:

$$\sum_{i\in M}\delta_i(v)\geq v(M) \tag{8-1}$$

并且,当 $M=T$ 时等号成立。为了使合作对策有意义,找到合作对策的唯一解。Shapley

给出了一组策略应满足的公理,并证明了在这些公理下合作对策是唯一的。

(1)对称性。对称性表示合作获利的分配不随每个企业在合作中的记号或次序变化。设 α 是 $T=\{1,2,\cdots,n\}$ 的一个排列,对于 T 的任意子集 $M=\{i_1,i_2,\cdots,i_n\}$,有 $\alpha M=\{\alpha i_1,\alpha i_2,\cdots,\alpha i_n\}$。若定义特征函数 $w(M)=v(\alpha M)$,则对于每个 $i\in T$ 都有 $\delta_i(w)=\delta_{\alpha i}(v)$。

(2)冗员性。冗员性表示如果一个企业对于任何他参与的合作联盟都没有贡献,则他不应当从联盟合作中获利。对于包含联盟成员 i 的所有子集 M 都有 $v(M/\{i\})=v(M)$,则 $\delta_i(v)=0$。其中 $M/\{i\}$ 为集合 M 去掉元素 i 后的集合。

(3)有效性。合作各方获利总和等于合作获利:

$$\sum_{i\in T}\delta_i(v)=v(T) \tag{8-2}$$

(4)可加性。可加性表示多种合作时,每种合作的利益分配方式与其他合作结果无关。若 T 上有两个特征函数 v_1,v_2,则有:

$$\delta(v_1+v_2)=\delta(v_1)+\delta(v_2) \tag{8-3}$$

Shapley 值法证明了满足这四条公理的 $\delta(v)$ 是唯一的,且其公式为:

$$\delta_i(v)=\sum_{M\in S_i}w(|M|)[v(M)-v(M/\{i\})] \tag{8-4}$$

式中: S_i——T 中包含成员 i 的所有子集形成的集合;

$|M|$——集合 M 元素的个数;

$w(|M|)$——加权因子,且有:

$$w(|M|)=(|M|-1)!(n-|M|!)/n! \tag{8-5}$$

Shapley 值法公式可以解释如下: $v(M)-v(M/\{i\})$ 是成员 i 在他参与合作 M 中做出的贡献。这种合作总计有 $(|M|-1)!(n-|M|!)$ 种出现的方式,因此每一种出现的概率就是 $w(|M|)$。

8.2 武陟县案例分析

8.2.1 基础数据

通过第 5 章国际标准算例验证,表明模拟退火算法对于求解农村上下行物流车辆路径优化模型有较好的求解能力,现在将农村上下行物流车辆路径优化模型应用于焦作市武陟县的配送体系。根据实地考察,武陟县农产品上行产品中主要为山药、水果罐头等易包装、不易腐烂的农产品,可以与日用消费品实现货物混装。焦作市武陟县有 1 个县级物流园区和 12 个乡镇级物流中心。物流园中有圆通、中通、申通、韵达、顺丰等快递企业,其中对韵达、中通、圆通三家物流企业参与农村上下行物流配送的具体数据进行了搜集,在共同配送模式下,将三家企业所在的物流园区看作一个配送中心,12 个乡镇级物流中心看作配送点,如图 8-1 所示。

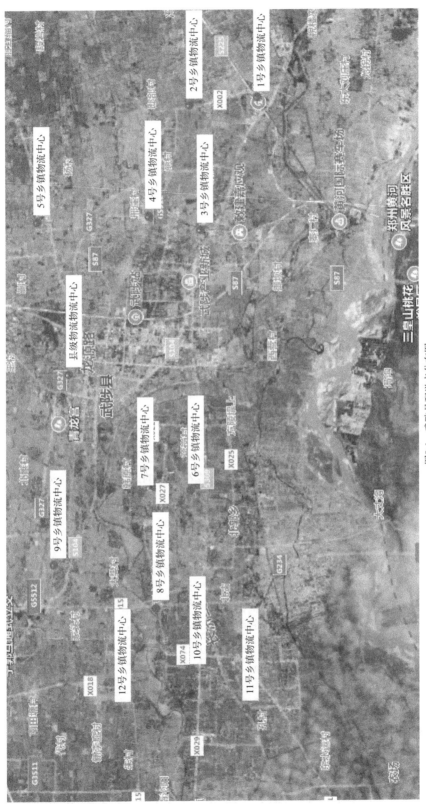

图8-1 武陟县配送点分布图

根据实地调研与蒙特卡洛模拟,焦作市武陟县三家快递企业分别需要服务的配送点信息如表8-1所示。三家快递企业整合之后形成的配送中心、假设的两两企业合作形成的配送中心、三家企业各自位置和12个配送点的经纬度坐标及某日送(取)需求如表8-2所示,假设的两两合作形成的配送中心经纬度按照传统重心法进行确定,具体操作如下。

根据传统重心法确定原始配送中心位置。

(1)重心法模型计算公式。

$$X_0 = \sum_{i=1}^{n} \frac{m_i x_i}{m_i} \tag{8-6}$$

$$Y_0 = \sum_{i=1}^{n} \frac{m_i y_i}{m_i} \tag{8-7}$$

式中:(X_0, Y_0)——传统重心法确定的原始配送中心位置;
(x_i, y_i)——各个客户点的经纬度坐标;
m_i——每个配送点的需求量。

(2)计算(X_0, Y_0)与各个客户点之间的距离d_i。

$$d_i = \sqrt{(x_0 - x_i)^2 + (y_0 - y_i)^2} \tag{8-8}$$

(3)计算(X_0, Y_0)到各配送点的配送成本c_i。

$$c_i = d_i \times m_i \times t_i \tag{8-9}$$

其中,t_i为配送中心对各个客户点进行配送的单位配送成本,则总的配送成本可用下式进行计算:

$$C_i = \sum_{i=1}^{n} c_i \tag{8-10}$$

为使总成本最小,将式(8-8)、式(8-9)带入式(8-10)中,分别对X_0、Y_0求一阶偏导数,在其偏导为0时,配送成本可取最小。此时可以实现配送成本最小的选址位置(x_j, y_j)分别为:

$$x_j = \frac{\sum_{j=1}^{n} m_j t_j x_j / d_j}{\sum_{j=1}^{n} m_j t_j / d_j} \tag{8-11}$$

$$y_j = \frac{\sum_{j=1}^{n} m_j t_j x_j / d_j}{\sum_{j=1}^{n} m_j t_j / d_j} \tag{8-12}$$

表8-1 企业配送点情况

企业名称	服务地址	所属乡镇配送点
韵达快递	焦作市武陟县和谐新社区	1号配送点
	焦作市武陟县杨洼二村	2号配送点
	焦作市武陟县詹店镇	3号配送点
	焦作市武陟县徐营镇	5号配送点
	焦作市武陟县获轵线北	7号配送点
	焦作市武陟县三阳乡	9号配送点
	焦作市武陟县西陶镇	10号配送点

续上表

企业名称	服务地址	所属乡镇配送点
中通快递	焦作市武陟县马村	2号配送点
	焦作市武陟县詹店镇	3号配送点
	焦作市武陟县圪垱乡	4号配送点
	焦作市武陟县北郭乡	6号配送点
	焦作市武陟县大虹桥乡	7号配送点
	焦作市武陟县小董乡	8号配送点
	焦作市武陟县大封镇	11号配送点
	焦作市武陟县新季村庄	12号配送点
圆通物流	焦作市武陟县詹店镇	3号配送点
	焦作市武陟县北郭乡	6号配送点
	焦作市武陟县圪垱乡	4号配送点
	焦作市武陟县小董乡	8号配送点
	焦作市武陟县三阳乡	9号配送点
	焦作市武陟县西陶镇	10号配送点
	焦作市武陟县大封镇	11号配送点
	焦作市武陟县新季村庄	12号配送点

配送点位置及送(取)需求   表8-2

配送点及配送中心	横坐标 X	纵坐标 Y	送货需求(件)	取货需求(件)
1	113.60268	35.034315	220	408
2	113.592816	35.069036	211	475
3	113.517466	35.058238	197	405
4	113.522784	35.084604	227	480
5	113.516523	35.143931	205	467
6	113.360577	35.050784	152	474
7	113.353247	35.076016	156	423
8	113.283215	35.063401	198	491
9	113.302151	35.117702	175	466
10	113.243384	35.040751	183	436
11	113.222355	35.01118	173	453
12	113.218591	35.078023	181	486
韵达快递	113.408475	35.117156	853	1910
中通快递	113.421932	35.118905	805	2019
圆通快递	113.418069	35.119555	620	1535

续上表

配送点及配送中心	横坐标 X	纵坐标 Y	送货需求(件)	取货需求(件)
韵达与中通	113.414746	35.119377	1658	3929
韵达与圆通	113.416919	35.117016	1473	3445
中通与圆通	113.420369	35.119909	1425	3554
配送中心	113.421258	35.118241	2278	5464

8.2.2 案例求解

算法的参数设置:节点数 $n=12$。

(1)考虑需求可拆分的农村快递共同配送路径优化,根据 ARCGIS 地理信息系统,求出各节点之间的实际距离,结果如表 8-3 所示。

(2)对于从配送中心到配送点间的运输,车辆主要在农村道路行驶,采用小型厢式货车,标准容积为 $8m^3$,标准载重为 1.5t。选取货车实际容量为标准载重的容量。取单个快递体积为 $11748.04cm^3$,计算得标准容积为 $8m^3$ 的货车平均可装载 650 件快递。

各节点的实际距离(km) 表 8-3

配送点及配送中心	1	2	3	4	5	6	7	8	9	10	11	12
1	0	3.96	8.20	9.17	14.49	22.12	23.17	29.26	28.88	32.72	34.73	35.30
2	3.96	0	6.96	6.60	10.84	21.24	21.82	28.18	26.99	31.96	34.34	34.07
3	8.20	6.96	0	2.97	9.53	14.30	15.08	21.33	20.68	25.03	27.37	27.29
4	9.17	6.60	2.97	0	6.62	15.23	15.46	21.93	20.41	25.89	28.54	27.69
5	14.49	10.84	9.53	6.62	0	17.57	16.66	23.04	19.71	27.37	30.57	28.07
6	22.12	21.24	14.30	15.23	17.57	0	2.88	7.18	9.14	10.73	13.33	13.27
7	23.17	21.82	15.08	15.46	16.66	2.88	0	6.53	6.56	10.74	13.96	12.26
8	29.26	28.18	21.33	21.93	23.04	7.18	6.53	0	6.28	4.41	8.03	6.10
9	28.88	26.99	20.68	20.41	19.71	9.14	6.56	6.28	0	10.09	13.89	8.79
10	32.72	31.96	25.03	25.89	27.37	10.73	10.74	4.41	10.09	0	3.81	4.72
11	34.73	34.34	27.37	28.54	30.57	13.33	13.93	8.03	13.89	3.81	0	7.44
12	35.30	34.07	27.29	27.69	28.07	13.27	12.26	6.10	8.79	4.72	7.44	0
中心	18.96	16.54	11.01	9.96	9.12	9.31	7.77	13.96	10.83	18.34	21.67	18.97
韵达	19.93	17.60	11.89	11.01	10.27	8.57	6.80	12.87	9.67	17.26	20.64	17.81
中通	18.95	16.51	11.00	9.94	9.04	9.41	7.86	14.05	10.90	18.43	21.76	19.05
圆通	19.29	16.89	11.33	10.29	9.35	9.27	7.63	13.77	10.55	18.15	21.51	18.73

现将上述信息使用第 5 章经过验证有效的模拟退火算法进行求解,可以得到电商环境下农村上下行物流共同配送与单独配送时各自的运行情况。共同配送模式下车辆使用数、车辆路径、配送总路径如表 8-4 所示。

共同配送运行结果 表8-4

车 辆	路 径	初始装载(件)	路径长度(km)
1	0-8-10-0	198	36.71
2	0-10-12-0	364	42.03
3	0-4-0	227	19.92
4	0-1-2-0	431	39.46
5	0-7-6-0	308	19.96
6	0-5-0	205	18.24
7	0-7-9-0	175	25.16
8	0-7-10-11-0	173	43.99
9	0-3-1-0	179	38.17

单独配送模式下,车辆使用数与配送总路径如表8-5所示。

单独配送运行结果 表8-5

物流企业	路 径	初始装载(件)	总路径长度(km)
韵达快递	0-7-3-5-0	347	120.19
	0-9-10-0	180	
	0-1-2-0	326	
中通快递	0-7-0	77	129.11
	0-3-2-4-0	285	
	0-8-6-0	175	
	0-12-11-0	176	
圆通快递	0-8-10-0	186	111.90
	0-4-3-6-0	256	
	0-11-10-0	178	

假设物流企业两两合作配送模式下,各自配送车辆与配送总路径如表8-6所示。

两两合作配送运行结果 表8-6

合作企业	车 辆 数	路径长度(km)	单干企业	车 辆 数	路径长度(km)	总路径(km)
韵达与中通	6	200.05	圆通	3	111.90	311.95
韵达与圆通	6	214.49	中通	4	129.11	343.60
中通与圆通	6	212.92	韵达	3	120.19	333.11

分析车辆的优化结果可知,共同配送下的运输车辆为9辆,运输的总路程为283.64km,单独配送下的运输车辆为10辆,运输的总路程为361.2km。两两配送模式下,使用的车辆数分别为9、10、9,三种情况的配送距离分别为311.95km、343.60km、333.11km。共同配送模式下农村上下行物流相比单独配送模式,车辆减少1辆,路径缩短21.47%,相比两两配送模式车辆减少了1辆,路径缩短了9.07%、17.45%、14.81%。拆分的配送点有如下特征:距离配送中

心近,有很高的送货或取货需求。

如果把配送点的送货需求与取货需求分开考虑,将电商环境下农村上下行物流配送与电商环境下农产品上行、日用消费品下行两种单向物流配送做对比,两种单向物流需要的车辆数及每种任务类型需要运输的总距离如表8-7所示。

单向物流车辆运输表　　　　　　　　　　表8-7

任务类型	车辆	路　线	总距离(km)
送货任务	1	0-9-12-0	326.23
	2	0-12-10-0	
	3	0-10-11-8-0	
	4	0-8-7-0	
	5	0-7-6-5-0	
	6	0-5-3-0	
	7	0-3-2-0	
	8	0-2-1-4-0	
取货任务	1	0-8-10-11-7-0	201.25
	2	0-7-1-2-5-0	
	3	0-5-4-3-6-9-0	
	4	0-9-12-0	

由表8-7可知,电商环境下农产品上行和电商环境下日用消费品下行两种单向物流配送模式所需车辆总数为12辆,总配送距离为527.48km,如果采用农村上下行物流配送模式,车辆数减少3辆,总配送距离缩短53.38%。分析可知,电商环境下农村上下行物流相比电商环境下农产品上行与电商环境下日用消费品下行单向物流,不仅可以减少车辆的使用,而且大幅度地缩短了配送距离,减少了配送成本,提高了配送效率。

8.2.3　基于贡献值的Shapley值利益分配模型

根据第8.2.2节,电商环境下农村上下行物流配送服务形成的物流联盟为其境内的中通、韵达、圆通三家企业。根据搜集的数据,配送中心收件的利润平均在0.4元/件,寄出的利润按照下式计算:

$$P = S + xy - m - z \tag{8-13}$$

式中:P——利润;

S——首重费用;

x——超重的公斤数;

y——不同目的地超重每公斤的增加费用;

m——配送中心寄出每件快递的固定费用;

z——寄件配送员或运输企业要求的每件快递的续重费用。

不同目的地首重、续重费用如表8-8所示,其中首重要求小于1kg,超过1kg按照续重加钱,超过1kg不满2kg的按照续重1kg计算。

寄件价格表 表8-8

地区	首重(元)	续重(元)	地区	首重(元)	续重(元)
江苏	8	2	四川	15	8
浙江	8	2	云南	15	8
上海	8	2	贵州	15	8
安徽	8	2	陕西	15	8
广东	12	6	重庆	15	8
福建	12	6	黑龙江	15	8
湖南	12	6	辽宁	15	8
湖北	12	6	山西	15	8
山东	12	6	广西	15	8
天津	12	6	吉林	15	8
北京	12	6	海南	15	8
江西	12	6	甘肃	18	12
河南	12	6	内蒙古	18	12
河北	12	6	宁夏	18	12
新疆	25	15	青海	18	12
西藏	30	20	港澳台		

运输企业或寄件配送员对配送中心要求的续重费用如表8-9所示。

寄件价格续费表 表8-9

$z<3$(元/kg)				$z>3$(元/kg)			
地区	费用	地区	费用	地区	费用	地区	费用
上海	1	广西	1	上海	1	广西	3
江苏	1	四川	1	江苏	1	四川	3
安徽	1	辽宁	1	安徽	1	辽宁	3
浙江	1	重庆	1	浙江	1	重庆	3
湖北	1	云南	1	湖北	2	云南	3
江西	1	吉林	1	江西	2	吉林	3
河南	1	黑龙江	1	河南	2	黑龙江	3
山东	1	贵州	1	山东	2	贵州	3
湖南	1	甘肃	1.5	湖南	2	甘肃	5
天津	1	青海	1.5	天津	2	青海	5
河北	1	宁夏	1.5	河北	2	宁夏	5

续上表

$z<3$(元/kg)				$z>3$(元/kg)			
地区	费用	地区	费用	地区	费用	地区	费用
广东	1	海南	5	广东	2	海南	5
福建	1	内蒙古	5	福建	2	内蒙古	5
北京	1.5	新疆	12	北京	3	新疆	12
陕西	1	西藏	14	陕西	3	西藏	14
山西	1	港澳台		山西	3	港澳台	

m 的值根据寄件数量确定,寄件量大于 300 件的,寄件的固定费用为 2.55 元。假设一个快递包裹重量为 2kg,寄往上海,则一个包裹的利润为 $P=8+2\times(2-1)-2.55-(2\times1)=5.45$ 元。电商环境下农村上下行物流中的寄件为农产品,快递农产品具有量小、易包装的特点。焦作市武陟县快递农产品的平均重量为 5kg,平均首重费用为 10 元,平均续重费用为 3 元/kg,寄件固定费用为 2.55 元,寄件配送员或运输企业要求续重平均费用为 2.5 元/kg,寄一件的利润根据公式为 6.95 元。根据第 8.2.2 节的数据,三家物流企业单干、两两合作、三家合作产生的总收益如表 8-10 所示。

总 收 益 表　　　　　　　　　　　　　　　　表 8-10

企　业	寄件利润(元/件)	寄件量(件)	收件利润(元/件)	收件量(件)	总收益(元)
韵达	6.95	853	0.4	1910	6692.35
中通	6.95	805	0.4	2019	6402.35
圆通	6.95	620	0.4	1535	4923
韵达与中通	6.95	1658	0.4	3929	13094.7
韵达与圆通	6.95	1473	0.4	3445	11615.35
圆通与中通	6.95	1425	0.4	3554	11325.35
三家合作	6.95	2278	0.4	5464	18017.7

轻型厢式货车启动成本约为 300 元/辆,车辆运行及人工的成本费用合计为 8 元/km,由第 5 章数据可得,对于焦作市武陟县农产品上下行运输中,圆通、中通、韵达三家物流企业单干、两两合作、三家合作的成本如表 8-11 所示。

成 本 分 析 表　　　　　　　　　　　　　　　　表 8-11

企　业	路径(km)	车　辆　数	总成本(元)
韵达	120.19	3	1861.52
中通	129.11	4	2232.88
圆通	111.9	3	1795.2
韵达与中通	311.95	9	5195.6
韵达与圆通	343.6	10	5748.8
中通与圆通	333.11	9	5364.88
三家合作	289.64	9	5017.12

用总收益减去路径产生的成本,三家物流企业单干、两两合作、三家合作产生的利润如表 8-12 所示。对三家企业基于 Shapley 值法分析整理成表 8-13 ~ 表 8-15,其中 A、B、C 分别表示韵达、中通、圆通,$v(T)$ 表示企业联盟的总收益,$v(T/\{i\})$ 表示除成员 i 外其他成员对联盟做出的贡献,$v(T)-v(T/\{i\})$ 表示成员 i 在他参与合作 T 中做出的贡献,$w(|T|)$ 表示这种合作出现的概率,$w(|T|)\{v(T)-v(T/\{i\})\}$ 表示 Shapley 值法的利润分配。利用 Shapley 值对联盟利益分配求解。

利 润 分 析 表　　　　　　　　　　　　表 8-12

企　业	总收益(元)	路径总成本(元)	总利润(元)
韵达	6692.35	1861.52	4830.83
中通	6402.35	2232.88	4169.47
圆通	4923	1795.2	3127.8
韵达与中通	13094.7	5195.6	7899.1
韵达与圆通	11615.35	5748.8	5866.55
圆通与中通	11325.35	5364.88	5960.47
三家联合	18017.7	5017.12	13000.58

A 企业基于 Shapley 值法下的利润分配计算表　　　表 8-13

T	A	$\{A,B\}$	$\{A,C\}$	$\{A,B,C\}$
$v(T)$	4830.83	7899.1	5866.55	13000.58
$v(T/A)$	0	4169.47	3127.8	5960.47
$v(T)-v(T/A)$	4830.83	3729.63	2738.75	7040.11
$w(|T|)$	1/3	1/6	1/6	1/3
$w(|T|)[v(T)-v(T/A)]$	1610.3	621.6	456.5	2346.7

B 企业基于 Shapley 值法下的利润分配计算表　　　表 8-14

T	B	$\{A,B\}$	$\{B,C\}$	$\{A,B,C\}$
$v(T)$	4169.47	7899.1	5960.47	13000.58
$v(T/B)$	0	4830.83	3127.8	5866.55
$v(T)-v(T/B)$	4169.47	3068.27	2832.67	7134.03
$w(|T|)$	1/3	1/6	1/6	1/3
$w(|T|)[v(T)-v(T/B)]$	1389.8	511.4	472.1	2378.0

C 企业基于 Shapley 值法下的利润分配计算表　　　表 8-15

T	C	$\{A,C\}$	$\{B,C\}$	$\{A,B,C\}$
$v(T)$	3127.8	5866.55	5960.47	13000.58
$v(T/C)$	0	4830.83	4169.47	7899.1
$v(T)-v(T/C)$	3127.8	1035.72	1791	5101.48
$w(|T|)$	1/3	1/6	1/6	1/3
$w(|T|)[v(T)-v(T/C)]$	1042.6	172.6	298.5	1700.5

通过计算 A、B、C 三家企业的 Shapley 值如下：

$$\delta_A = \sum_{T \in S_i} w(|T|)[v(T) - v(T/A)] = 5035.1$$

$$\delta_B = \sum_{T \in S_i} w(|T|)[v(T) - v(T/B)] = 4751.3$$

$$\delta_C = \sum_{T \in S_i} w(|T|)[v(T) - v(T/C)] = 3214.2$$

联盟前后结果分析见表 8-16。

联盟前后结果分析表 表 8-16

企业	联盟前利润(元)	联盟后利润(元)	利润增加值(元)
韵达	4830.8	5035.1	204.3
中通	4169.5	4751.3	581.8
圆通	3127.8	3214.2	86.4
总和	12128.1	13000.6	872.5

由表 8-16 分析可得，总利润增加了 872.5 元，联盟后三家物流企业的利润大于单干之前的情况，而且联盟后，两两企业合作的总利润也大于联盟前两两企业合作的总利润。这表明 Shapley 值法不仅考虑企业合作的总收益最大，而且根据企业贡献多少来分配利润。从某种程度上来说避免了平均的思想，调动了每个企业的积极性，体现了付出与收益成正比的分配原则，同时反映了企业在联盟中的价值与地位，用 Shapley 值法进行企业联盟的收益分配公平公正，企业联盟才能够稳定地运行。

8.3 本章小结

本章以武陟县为例，对共同配送模式下，物流企业联盟之间的利益分配问题进行了实证研究。基于 Shapley 值法利益分配模型，考虑了边际贡献对联盟利益分配的影响，将共同配送下节省出来的利润公平公正分配，维护联盟的长久发展，增强联盟的稳定性。

9 农村物流网络货运平台系统设计

9.1 系统功能及操作界面

该系统旨将交通、邮政、个体车主等运力资源进行整合，充分利用闲散运力资源，满足分布在农村区域范围内的上行、下行以及区域内的物流运输需求。该平台用户界面分为车主端、货主端两个版本，可以满足车主进行车辆信息登记，满足货主发布货物运输需求，并通过平台内部核心算法，按照系统成本最小的目标对车主及货主的需求进行车与货的最优指派并进行车辆路径优化，最后将指派结果和车辆运行线路反馈给车主及货主。该平台系统可以最大化地节省运力资源，节约物流成本，提高运输效率。其中内嵌的车货匹配-路径优化算法由本团队自行设计开发。考虑到目前微信在国内的普及度，本项目采用微信小程序搭建平台设计一个农村网络货运微信小程序，将货主、车主通过该物流平台联系起来。小程序的使用通道分为三个端口——货主端口、车主端口、平台运营端口。

如图9-1所示，该微信小程序可以供货主和车主两个不同的用户群登陆，在登录之后显示不同的界面，货主端登录界面如图9-2所示。货主登录后的首页如图9-3所示，它有一个新闻板块，其下有三个选项分别为发布订单、快递服务及消息。点击"发布订单"按钮填写起点和终点，如图9-4所示，选择货物的种类，例如：谷物类、蔬菜水果类、五金类、冷链运输等，如果没有相应的分类，选择其他，并且输入相关的信息，如物品名称、产品重量、包装方式等，货主还可根据自己的需要，选择是否拼单，是否加急，如图9-5所示。

图9-1 登录界面　　　图9-2 货主端登录界面　　　图9-3 货主端首页

选择货物起止点界面如图9-6所示。货主端订单列表如图9-7所示。

图9-4　货主端发布订单1　　　图9-5　货主端发布订单2　　　图9-6　选择货物起止点界面

在快递服务中寄快递的选项,货主填写快递物品的相关信息,如图9-8所示。在收快递选项中,货主作为用户成功发布订单后,货主可以在"我的"界面中我的订单点击查看订单详情,点击订单可以查看订单的相关信息,如订单的实时位置、订单编号、预计完成时间、联系司机、取消订单等,如图9-9所示。

图9-7　货主端订单列表　　　图9-8　货主端快递服务　　　图9-9　货主端我的

车主端登录界面如图9-10所示,车主端界面应包括订单列表、消息、实时订单信息更新等,如图9-11所示。在订单列表车主可以查看附近的订单信息,开始自行选择接单,也可以点击订单列表下面的自动匹配按钮进行自动匹配,如图9-12所示,自动匹配时车主需要提供相关的车辆信息,以便于系统判断发配相关的订单,减小空载率,而后车主确认接单后,为货主进行货物的配送。车主端可以满足车主的信息登记,如图9-13所示。在系统完成指派及最优路线的计算后呈现出结果提供给车主,如图9-14所示。配送完成后,车主需在小程序中确认已将货物送达指定地点。

9 农村物流网络货运平台系统设计

图 9-10 车主端登录界面　　图 9-11 车主端首页　　图 9-12 车主端订单列表

图 9-13 车主信息登记　　图 9-14 车主端订单列表

9.2 产品技术原理

9.2.1 数据库的建立

本平台的数据库的思维导图如图 9-15 所示,需要从车主、货主、后台、站点信息、营运信息、运营人员信息、实时信息七个方面进行考虑。

9.2.2 运营流程

调查乡村货主、物流车主之间以及第三方货运平台之间的关系,绘制小程序的工作流程,如图 9-16 所示。货主操作和车主操作流程如图 9-17、图 9-18 所示。

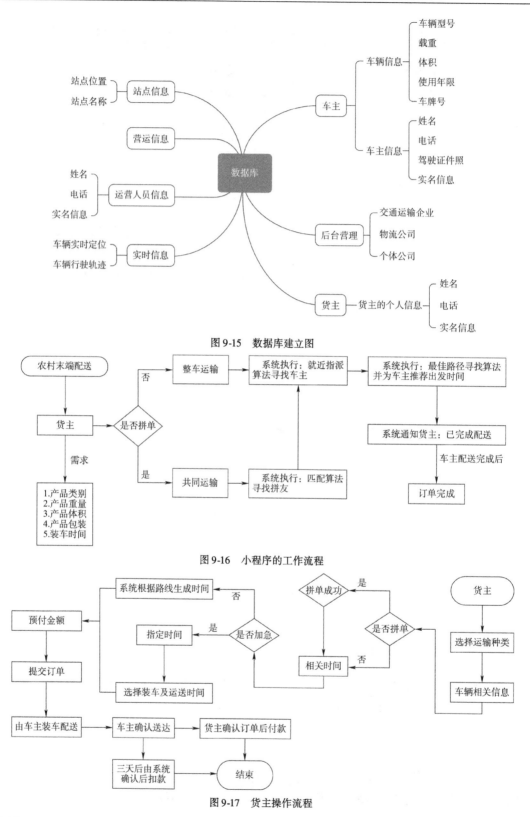

图 9-15 数据库建立图

图 9-16 小程序的工作流程

图 9-17 货主操作流程

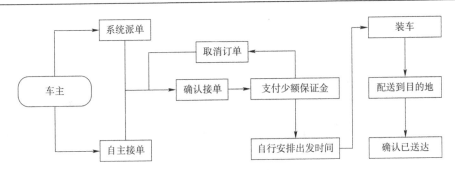

图 9-18　车主操作流程

9.3　本章小结

本章对农村物流网络货运平台系统进行了简单介绍。该系统旨在将交通、邮政、个体车主等运力资源进行整合,充分利用闲散运力资源,满足分布在农村区域范围内的上行、下行以及区域内的物流运输需求。该平台系统可以最大化地节省运力资源,节约物流成本,提高运输效率。目前已经将部分算法嵌入小程序,后续还将本书其他研究成果陆续嵌入。

附录1 5.3.2.3中竞争决策过程中剔除多余的或不当资源的调整方式1具体过程

调整方式1:若某一个竞争决策均衡状态,车辆 k_1 和车辆 k_2 都要到节点 h 集货或送货,且 $power(k_1,h)<power(k_2,h)$。由于此时是竞争决策均衡状态,因此车辆 k_1 的空余容量限制不能完全把车辆 k_2 在节点 h 的集货或送货任务完全接收过来,但是可以通过下面的调整方式来改变这种状态:

①可以使与车辆 k_1 有公共节点的其他车辆在公共节点尽量多集货和多送货来代替车辆 k_1,从而增大车辆 k_1 的空余空间;

②可以使其他访问节点 h 的车辆在节点 h 尽量多集货和多送货来代替车辆 k_2,从而使车辆 k_2 在节点 h 的集货与送货量尽可能减少。

下面介绍如何增加车辆 k_1 的空余空间,以及减少车辆 k_2 在节点 h 的集、送货量。首先引入几个符号:

$v\_dot[k,i]$:车辆 k 在节点 i 是否集送货物,当 $v\_dot[k,i]=0$ 时表示不集不送,$v\_dot[k,i]=1$ 时,表示集或送;

$v\_dot\_c[k,i]$:车辆 k 在节点 i 送货的数量;

$v\_dot\_d[k,i]$:车辆 k 在节点 i 集货的数量;

$free\_c[k]$:车辆 k 空余的集货容量;

$free\_d[k]$:车辆 k 空余的送货容量。

(1)增加车辆 k_1 的空余空间

①车辆 k_1 集货空余空间的调整,其过程如下:

对于 $v\_dot[k_1,m]=1$ 且 $v\_dot[k,m]=1$ 的所有节点 m,其调整量 a 为:
$$a=\min\{v\_dot\_c[k_1,m],free\_c[k]\}$$

即车辆 k_1 在节点 m 减少集货数量 a,车辆 k 在节点 m 增加集货数量 a,这样处理之后车辆 k_1 集货空余空间增加 a。

②车辆 k_1 送货空余空间的调整,其过程如下:

对于 $v\_dot[k_1,m]=1$ 且 $v\_dot[k,m]=1$ 的所有节点 m,其调整量 b 为:
$$b=\min\{v\_dot\_d[k_1,m],free\_d[k]\}$$

即车辆 k_1 在节点 m 减少送货数量 b,车辆 k 在节点 m 增加送货数量 b,这样处理之后车辆 k_1 的送货空余空间增加 b。

(2)减少车辆 k_2 在节点 h 的集货和送货量

①车辆 k_2 在节点 h 的集货数量的调整,其过程如下:

对于 $v\_dot[k,h]=1$ 的所有车辆 $k(k\neq k_1,k\neq k_2)$,车辆 k_2 在节点 h 的集货数量调整量 c 为:

附录1 5.3.2.3 中竞争决策过程中剔除多余的或不当资源的调整方式1具体过程

$$c = \min\{v\_dot\_c[k_2,h], free\_c[k]\}$$

即车辆 k_2 在节点 h 减少集货数量 c，车辆 k 在节点 h 增加集货数量 c，这样处理之后车辆 k_2 在节点 h 集货数量减少 c。

②车辆 k_2 在节点 h 的送货数量的调整，其过程如下：

对于 $v\_dot[k,h]=1$ 的所有车辆 $k(k \neq k_1, k \neq k_2)$，车辆 k_2 在节点 h 的送货数量调整量 d 为：

$$d = \min\{v\_dot\_d[k_2,h], free\_d[k]\}$$

即车辆 k_2 在节点 h 减少送货数量 d，车辆 k 在节点 h 增加送货数量 d，这样处理之后车辆 k_2 在节点 h 送货数量减少 d。

下面用例子说明调整方式1的实现。

附例1：设车辆容量 $Q=10$，0 代表 depot，1、2、3、4、5 是客户节点，如附图1-1 所示。

设车1访问的客户节点为 1、2；车2访问的客户节点为 2、3；车3访问的客户节点为 3、4；车4访问的客户节点为 3、5。

设对任意 $i \in \{1,2,3,4,5\}$，其需求 (c_i, d_i) 分别为：$(c_1, d_1) = (7,5)$；$(c_2, d_2) = (6,7)$；$(c_3, d_3) = (10,12)$；$(c_4, d_4) = (6,6)$；$(c_5, d_5) = (7,5)$。

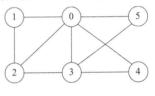

附图1-1 调整方式1的示意图

设各车辆对在各节点处的集货、送货量如下：

$v\_dot\_c[1,1]=7, v\_dot\_d[1,1]=5; v\_dot\_c[1,2]=2, v\_dot\_d[1,2]=4;$

$v\_dot\_c[2,2]=4, v\_dot\_d[2,2]=3; v\_dot\_c[2,3]=5, v\_dot\_d[2,3]=6;$

$v\_dot\_c[3,3]=3, v\_dot\_d[3,3]=2; v\_dot\_c[3,4]=6, v\_dot\_d[3,4]=6;$

$v\_dot\_c[4,3]=2, v\_dot\_d[4,3]=4; v\_dot\_c[4,5]=7, v\_dot\_d[4,5]=5$。

于是有：

$free\_c[1]=1, free\_d[1]=1; free\_c[2]=1, free\_d[2]=1;$

$free\_c[3]=1, free\_d[3]=2; free\_c[4]=1, free\_d[4]=1$。

若此时 $power(2,3) < power(3,3)$，但由于车辆2的空余容量限制不能完全把车辆3在节点3的取货或送货任务完全接收过来，因此车辆2与车辆3都要到节点3取货或送货，但可以通过下面的调整方式来改变这种状态：

此时首先利用调整方式1中的①调整：车辆1与车辆2有公共节点2，为了使车辆2有更多的空余空间，因此尽可能使车辆1在公共节点2多装卸货物，此时变为：

$v\_dot\_c[1,2]=3, v\_dot\_d[1,2]=5; v\_dot\_c[2,2]=3, v\_dot\_d[2,2]=2;$

$free\_c[1]=0, free\_d[1]=0; free\_c[2]=2, free\_d[2]=2$。

其他车辆的这些变量不改变。此时虽然车辆2的空余容量增大了，但车辆2的空余容量限制还是不能完全把车辆3在节点3的取货或送货任务完全接收过来。此时再利用调整方式1中的②调整：车辆3与车辆4有公共节点3，为了使车辆3在节点3尽可能少装卸货物而改由车辆4装卸节点3的货物，此时变为：

$v\_dot\_c[1,1]=7, v\_dot\_d[1,1]=5; v\_dot\_c[1,2]=3, v\_dot\_d[1,2]=5;$

$v\_dot\_c[2,2]=3, v\_dot\_d[2,2]=2; v\_dot\_c[2,3]=5, v\_dot\_d[2,3]=6;$

$v\_dot\_c[3,3]=2, v\_dot\_d[3,3]=1; v\_dot\_c[3,4]=6, v\_dot\_d[3,4]=6;$
$v\_dot\_c[4,3]=3, v\_dot\_d[4,3]=5; v\_dot\_c[4,5]=7, v\_dot\_d[4,5]=5;$
$free\_c[1]=0, free\_d[1]=0; free\_c[2]=2, free\_d[2]=2;$
$free\_c[3]=2, free\_d[3]=3; free\_c[4]=0, free\_d[4]=0。$

此时车辆3在节点3的装卸货物数量减少了,车辆2的空余容量已经能完全把车辆3在节点3的集货、送货任务完全接收过来,车辆3不再需要服务3,对车辆3来说,它走的路径长度在一般情况下会缩短。

附录2 《以货源方为主的匹配模型中各指标权重调查》

为了进一步提高公路货运车货匹配的准确性和效率,增强匹配指标选择的合理性。本书运用层次分析法确定各匹配指标的权重系数,并且采用专家打分法,对于已经构建出来的层次结构指标体系的各个要素进行两两比较。运用相关专家的经验判断并分析,对指标间重要性的比值进行打分,将分数填入矩阵表,序号1~9的含义如附表2-1所示。

说 明　　　　　　　　　　　　　　　附表2-1

序号	重要性等级	C_{ij}赋值
1	i,j两元素同等重要	1
2	i元素比j元素稍重要	3
3	i元素比j元素明显重要	5
4	i元素比j元素强烈重要	7
5	i元素比j元素极端重要	9
6	i元素比j元素不重要	1/3
7	i元素比j元素明显不重要	1/5
8	i元素比j元素强烈不重要	1/7
9	i元素比j元素极端不重要	1/9

以货源方为主的匹配模型中各指标权重调研问卷如附表2-2所示。

以货源方为主的匹配模型中各指标权重调研问卷　　　附表2-2

重要性等级	P_1	P_2	P_3	P_4	P_5	P_6	P_7
P_1	1						
P_2	—	1					
P_3	—	—	1				
P_4	—	—	—	1			
P_5	—	—	—	—	1		
P_6	—	—	—	—	—	1	
P_7	—	—	—	—	—	—	1

注:P_1表示实载率符合度;P_2表示车长符合度;P_3表示体积符合度;P_4表示成本符合度;P_5表示时间符合度;P_6表示车源方信用水平;P_7表示车源方资质水平。"—"部分不需要填写。

附录3 《以车源方为主的匹配模型中各指标权重调查》

为了进一步提高公路货运车货匹配的准确性和效率,增强匹配指标选择的合理性。本书运用层次分析法确定各匹配指标的权重系数,并且采用专家打分法,对于已经构建出来的层次结构指标体系的各个要素进行两两比较。运用相关专家的经验判断并分析,对指标间重要性的比值进行打分,将分数填入矩阵表,序号1~9的含义如附表3-1所示。

说 明　　　　　　　　　　　　　　　　　附表3-1

序号	重要性等级	C_{ij}赋值
1	i,j两元素同等重要	1
2	i元素比j元素稍重要	3
3	i元素比j元素明显重要	5
4	i元素比j元素强烈重要	7
5	i元素比j元素极端重要	9
6	i元素比j元素不重要	1/3
7	i元素比j元素明显不重要	1/5
8	i元素比j元素强烈不重要	1/7
9	i元素比j元素极端不重要	1/9

以车源方为主的匹配模型中各指标权重调研问卷如附表3-2所示。

以车源方为主的匹配模型中各指标权重调研问卷　　　　　附表3-2

重要性等级	P'_1	P'_2	P'_3	P'_4	P'_5	P'_6
P'_1	1					
P'_2	—	1				
P'_3	—	—	1			
P'_4	—	—	—	1		
P'_5	—	—	—	—	1	
P'_6	—	—	—	—	—	1

注:P'_1表示货物类型匹配指标;P'_2表示重量匹配指标;P'_3表示车长匹配指标;P'_4表示体积匹配指标;P'_5表示成本匹配指标;P'_6表示到达取货点时间匹配指标。"—"部分不需要填写。

参 考 文 献

[1] 潘苏,王朝辉.农村物流园[M].北京:经济管理出版社,2018.
[2] 桂昆鹏.浅析共享物流的模式、影响和规划应对策略[J].智能城市,2019(13):5-6.
[3] 欧阳明慧,韩雪金.共享物流现状与运行效果的实证分析[J].物流科技,2018(1):9-11.
[4] 佚名.日本共同配送的发展经验[J].物流技术与应用,2013(4):92-94.
[5] 王小丽,李昱彤.共享物流国内研究综述[J].供应链管理,2018(6):21-27.
[6] 戈兴成.共享经济背景下农村物流体系建设[J].物流科技,2018(9):82-84.
[7] 宋丽敏.共享物流视角下农村电商共同配送运作模式研究[J].农村市场,2019(8):132-135.
[8] 赵广华.基于共享物流的农村电子商务共同配送运作模式[J].中国流通经济,2018(7):36-44.
[9] 叶丽巍.共享经济视角下旬阳农村最后一公里物流成本研究[D].厦门:厦门大学,2018.
[10] 吴汪友,刘伟.基于SWOT的农村共享型冷藏仓库建设研究[J].江苏农业科学,2020,48(12):298-302.
[11] 汪小龙,唐建荣.农村电商物流布局与农村居民消费——基于农村淘宝的跟踪[J].E-Business,2021(23):77-81.
[12] 肖云梅,刘琼,童述明,等.基于共享经济背景的农村物流配送体系构建——以新型城镇化背景下的长株潭农村地区为例[J].物流工程与管理,2018,40(1):3-5.
[13] 费汉华.基于共享物流视角的农村生鲜电商冷链物流体系构建——以江苏省为例[J].农业展望,2019(11):141-146.
[14] 闫莹,赵玲,朱珊珊.关于农村物流资源共享模式的若干思考——以国内三种典型地区为例[J].研究与探讨,2020(12):100-101.
[15] 李鸿冠,林朝朋,蓝中健.共享物流下农村生鲜电商"客鲜共载"模式构建——以福建省上杭县官庄畲族乡为例[J].云南农业大学学报(社会科学版),2021,15(2):67-72.
[16] 王勇,樊建新,许茂增,等.二级物流多中心共同配送收益分配优化[M].北京:科学出版社,2018.
[17] SUN H J,GAO Z Y,WU J J. A bi-level programming model and solution algorithm for the location of logistics distribution centers[J]. Applied Mathematical Modelling,2008,32:610-616.
[18] 姜大立,杨西龙.易腐物品配送中心连续选址模型及其遗传算法[J].系统工程理论与实践,2003,23(2):62-67.
[19] 曹鑫.电子商务环境下快递企业共同配送车辆鲁棒调度研究[D].兰州:兰州交通大学,2017.
[20] TIMOTHY C,WASAKORN L,DARIO L S,et al. Towards collaborative optimisation in a shared-logistics environment for pickup and delivery operations[C]. In Proceedings of the 6th International Conference on Operations Research and Enterprise Systems, Porto, Portugal, 2017:477-482.

[21] 王科峰,叶春明,李永林.同时送取货车辆路径问题算法研究综述[J].计算机应用研究,2013,30(2):334-340.

[22] 盛虎宜,刘长石,鲁若愚.基于共同配送策略的农村电商集送货一体化车辆路径问题[J].系统工程,2019,31(3):98-104.

[23] 李冰,党佳俊.多配送中心下生鲜农产品同步取送选址-路径优化[J].智能系统学报,2020,15(1):50-58.

[24] SUBRATA M. An algorithm for the generalized vehicle routing problem with backhauling[J]. Journal of Operational Research,2005,22(2):153-169.

[25] 王科峰.节点具有双重需求的车辆路径问题研究[D].上海:上海理工大学,2013.

[26] DIEGO C,NABIL A,DOMINIQUE F,et al. The multitrip vehicle routing problem with time windows and release dates[C]. In the 10th Metaheuristics International Conference,Singapore,2013.

[27] JIA N X,YOKOYAMA R. Profit allocation of independent power producers based on cooperative game theory[J]. Electrical Power and Energy Systems,2003,25:633-641.

[28] 琚春华,高春园,鲍福光,等.基于多种方法的共同配送成本分配模型研究[J].铁道运输与经济,2011,33(2):57-63.

[29] DAIKUZONO R. Vehicle cargo area divider assembly:US,US8317442[P]. 2012.

[30] Miller T S. Multifarious,vehicle cargo carrier system:US,US5850959[P]. 1998.

[31] 王蓓蓓,崔杰.公路货运车货匹配研究综述[J].价值工程,2019,6:282-284.

[32] 张庆英,邱杰,宋佳玲.物流信息平台环境下的车货撮合机制研究[J].学科导刊,2015(4):47-48.

[33] 张会凤.基于双方交易意愿的车货匹配模型研究[D].西安:西安电子科技大学,2018.

[34] 李慧.配载型物流信息服务平台的车货供需匹配研究[D].北京:北京交通大学,2015.

[35] 邓慧珍.基于车货匹配平台的生鲜农产品城区配送模式研究[D].长沙:中南林业科技大学,2016.

[36] 吴倩倩.物流配送中心车货匹配与路径优化研究[D].重庆:重庆交通大学,2017.

[37] 桂琳.农村物流配送[M].北京:中国科学技术出版社,2018:62-76.

[38] 王晓燕,关于我国农业生产组织形式的思考[J].科技情报开发与经济,2004(5),53-54.

[39] 韩玮.日本:农协模式[N].中国农资,2017年8月18日.

[40] 徐更生.美国为农业生产提供的服务[J].世界农业,1984,48-50.

[41] 潘苏,王朝辉.农村物流园[M].北京:经济管理出版社,2018.

[42] NAGY G,WASSAN N A,SPERANZA M G,et al. The vehicle routing problem with divisible deliveries and pickups[J]. Transportation Science,2015,49(2):271-294.

[43] 谷孜琪.农村电商双向物流车辆路径优化研究[D].武汉:武汉理工大学,2017.

[44] 宁爱兵,马良.度约束最小生成树(DCMST)的竞争决策算法[J].系统工程学报,2005,20(6):630-634.

[45] MITRA S. A parallel clustering technique for the vehicle routing problem with split deliveries and pickups[J]. Journal of the Operational Research Society,2008,59(11):1532-1546.

[46] 杨亚璪,靳文舟,郝小妮,等.求解集送货可拆分车辆路径问题的启发式算法[J].华南理工大学学报(自然科学版),2010,38(3):58-63.

[47] 解晨,韦雄奕.模拟退火算法和遗传算法的比较与思考[J].电脑知识与技术,2013,9(19):4418-4419.

[48] 杨飞.模拟退火算法在物流线路选择方面的研究[J].电脑知识与技术,2019,15(4):270-271,277.

[49] 苏欣欣,秦虎,王恺.禁忌搜索算法求解带时间窗和多配送人员的车辆路径问题[J].重庆师范大学学报(自然科学版),2020,37(1):22-30.

[50] 李阳,范厚明,张晓楠,等.求解模糊需求车辆路径问题的两阶段变邻域禁忌搜索算法[J].系统工程理论与实践,2018,38(2):522-531.

[51] WANG K F,YE C M,NING A B. Achieving better solutions for vehicle routing problem involving split deliveries and pickups using a competitive decision algorithm[J]. Asia-Pacific Journal of Operational Research,2015,32(4).

[52] 邱萌,符卓.需求可拆分的节点具有双重需求的车辆路径问题研究进展[J].济南大学学报(自然科学版),2018,32(6):497-504.

[53] MITRA S. An algorithm for the generalized vehicle routing problem with backhauling[J]. Asia-Pacific Journal of Operational Re-search,2005,22(2):153-169.

[54] MALANDRAKI C,DASKIN M S. Time dependent vehicle routing problems:formulations,properties and heuristic algorithms[J]. Transportation Science,1992,26(3):185-200.

[55] MALANDRAKI C. Time dependent vehicle routing problems:formulations,solution algorithms and computations experiments[D]. Northwestern University,Evanston,Illinois,USA,1989.

[56] ICHOUA S,GENDREU M,POTVIN J Y. Vehicle dispatching with time-dependent travel times[J]. European Journal of Operational Research. 2003,144(2):379-396.

[57] 杨柳.低碳环境下城市配送路径优化研究[D].广州:华南理工大学,2018.

[58] 刘丽姣.考虑碳排放的多车场多车型VRP模型及算法研究[D].深圳:深圳大学,2017.

[59] 韩胜军.多车场多车型车辆路径问题的多染色体遗传算法[D].杭州:浙江工业大学,2017.

[60] 陈呈频,韩胜军,鲁建厦,等.多车场多车型车辆路径问题的多染色体遗传算法[J].中国机械工程,2018,29(2):218-223.

[61] 南丽君.改进的自适应大规模邻域搜索算法求解动态需求的混合车辆路径问题[J].计算机应用研究,2021,38(10):556-665.

[62] 孙明华,崔海涛,温卫东.基于精英保留遗传算法的连续结构多约束拓扑优化[J].航空动力学报,2006,21(4):732-737.

[63] 邴聪.公路干线货运中的车货匹配研究——以T平台为例[D].杭州:浙江理工大学,2018.

[64] 张慧.考虑交通拥堵的时变车辆路径问题研究[D].重庆:重庆交通大学,2018.

[65] 金振广.中心城区即时配送路径规划问题研究[D].西安:长安大学,2020.